Peter Wendlandt

Das Tagebuch des Michael Panni

Kriegserlebnisse aus dem Ersten Weltkrieg

Mauer Verlag
Wilfried Kriese
72108 Rottenburg a/N
Buchgestaltung: Wilfried Kriese
Titelbild: Privat
2009
ISBN 978-3-86812-178-0

www.mauerverlag.de

Inhalt

Vorwort

Der Verfasser dieses Tagebuches, Michael Panni, wurde am 17. September 1883 in Böhmen in Pragerstift, Gemeinde Kriebaum, Kreis Krummau, geboren. Er wuchs als Bergbauernsohn auf und erlernte im Geburtsort des Dichters Adalbert Stifter, Oberplan, das Maurerhandwerk. Die Lehre beendete er im Jahre 1914. In diesem Jahr erfolgte am 28. Juli die allgemeine Mobilisierung. Am 1. Dezember wurde er zur Musterung zitiert, bei der er auch tauglich für den Militärdienst befunden wurde. Am 15. Februar 1915 musste er gemeinsam mit seinem Freund und Nachbarn Sigmund nach Budweis einrücken und erhielt dort beim 91. Infanterieregiment seine Grundausbildung. Am 10. April 1915 musste Michael Panni das erste Mal ins Feld einrücken und kehrte am 28. September 1915 krank zurück. Das zweite Mal wurde er am 5. Juli 1916 wieder an die Front versetzt, um dann am 21. Dezember verwundet zurückzukehren. Und er musste noch ein drittes Mal ins Feld, bis zum 1. August 1917, wo er dann enthoben, das heißt vorübergehend freigestellt wurde. Er musste sich aber verpflichten, im Grafitwerk zu Hause zu arbeiten.

Michael Panni befand sich während des Ersten Weltkriegs insgesamt 38 Monate lang in Schwarmlinien und hatte überwiegend in Jugoslawien und in Italien gekämpft. Die ärgsten Gefechte für ihn waren die zweite Offensive in Serbien bei Wischograd im Oktober 1915 und die Kämpfe am Lofzen im Januar 1916. In Italien stand Michael Panni noch sechs weitere Offensiven durch. Am schlimmsten aber war es für ihn auf Kotte 144 und Kotte 208 bei Jamianko. Auch bei Trabetoselo, Lukstatic, Mirowakostano und Viditscha floss kostbares Blut in Strömen. Die 10. Offensive bei Selo am Plato im Juni 1917 blieb Michael Panni ebenfalls für immer in furchtbarer Erinnerung.

Für tapferes Verhalten vor dem Feind und für seine Ausdauer bei Wischograd erhielt er statt der silbernen die bronzene Tapferkeitsmedaille, am Lofzen ebenso und als dritte Auszeichnung die silberne Tapferkeitsmedaille zweiter Klasse. Außerdem erhielt er in diesen schlimmen Kriegsjahren, was für ihn sehr viel wichtiger war, insgesamt 707 mal Post aus der Heimat. Insgesamt 290 Briefe und Karten erhielt er von seiner Braut Marie, die in der ganzen schlimmen Zeit stets fest zu ihm gehalten hatte und ihm damit große Zuversicht eingeflößt hatte, 245 von Freunden und Kriegskameraden, die er aus den Augen verloren hatte, den Rest von seiner Familie.

Nach Kriegsende 1918 heiratete Michael Panni seine Braut Maria Bürger, aus der Ehe gingen ein Sohn und zwei Töchter hervor. Es kamen viele schlechte Jahre der Arbeitslosigkeit und Entbehrungen auf die Familie zu, bis er das Glück hatte, zu Fürst zu Schwarzenberg zu kommen. Seine Arbeit bestand nun darin, Forsthäuser und Kirchen instand zu halten. Diese glückliche und existenziell gesicherte Zeit dauerte bis 1946 an. In diesem Jahr wurde die Familie Panni wie so viele andere auch aus ihrer Heimat in Böhmen vertrieben. Als mittlerweile 63-jähriger Mann, einem Alter, in dem sich heute viele Menschen zur Ruhe setzen und einem beschaulichen Lebensabend entgegensehen, sah sich Michael Panni gezwungen, für seine Familie eine neue Existenz aufzubauen. In Niederbayern fand er eine neue Heimat und musste bis ins hohe Alter bei Bauern arbeiten, um nicht zu verhungern. Im hohen Alter von 87 Jahren verstarb Michael Panni am 27. März 1971.

Michael Panni schrieb das vorliegende Tagebuch während seiner ganzen Zeit beim Militär. Manchmal hielt er sich denkbar knapp, manchmal schrieb er ausführlicher, sodass eine „sanfte" Bearbeitung des Originals unumgänglich war. Auch unter größtem Beschuss und größter Lebensgefahr führte er seine Aufzeichnungen konsequent durch, und obwohl es strengstens verboten war. Er betitelte seine Zeilen mit **„Die Schrecken des Krieges beim Militär"** und sie wurden das typisches Spiegelbild eines kleinen Mannes, der gezwungenermaßen einrücken und an einem Krieg teilnehmen musste, obwohl er stets ein friedliches, arbeitsames und gottesfürchtiges Leben im Sinn hatte. Es sind seine ureigenen Erlebnisse und Gedanken, die Michael Panni festgehalten hat. Und es dokumentiert in der Einfachheit seiner Worte, dass ein Krieg nicht nur aus politischem Geplänkel und strategischen Militärspielen mit zweifelhaften Erfolgen besteht, sondern in erster Linie aus der großen Not und Verzweiflung jedes einzelnen Beteiligten, ob als Soldat oder als Zivilist. Dies war schon immer so und wird auch immer so bleiben, solange es Kriege gibt.

„Die Schrecken des Krieges beim Militär“

1915

Am 28. Juli 1914 erfolgte die allgemeine Mobilisierung. Am 1. Dezember ging ich zur Musterung, wo ich als tauglich befunden wurde. Am 15. Februar 1915 hieß es dann Abschied nehmen von meinen Lieben daheim. Ich rückte ein nach Budweis zum 91. Infanterieregiment und wurde dort auch zu einem Soldaten ausgebildet, unter größten erdenklichen Mühen und Strapazen bis zum 10. April, dem Karfreitag.
Anstatt das Osterfest in der Kaserne oder in der Stadt zu begehen, wurde Alarmbereitschaft gegeben. Eine große Hektik kam auf, Befehle wurden gegeben und wieder verworfen, wir Soldaten angebrüllt und schikaniert. Einen ganzen Tag und eine lange Nacht blieben wir unter strenger Aufsicht unserer Vorgesetzten, außerdem rückten wir aus und marschierten unter großen Strapazen und großem Hunger am Ostersonntagabend in Sarajevo ein. Dort verbrachten wir wieder eine schlechte Nacht, anstatt wir uns erholen konnten.
In der ganzen langen, unerträglichen Zeit war mein treuer Freund Sigmund immer bei mir. Wir beide hielten zusammen wie Pech und Schwefel, steckten oft unsere Köpfe zusammen, unterhielten uns über unsere täglichen Erlebnisse und natürlich auch die Heimat, halfen uns gegenseitig, wo wir nur konnten. Sonst befanden sich in unserer Einheit lauter Fremde, meistens Tschechen, die wir nur schlecht oder überhaupt nicht verstanden.

Am Ostermontag in aller Früh ging es wieder los. Unter großem Hallo führten uns die Zugführer bis zur Kaserne. Gut zwei Stunden lang marschierten wir mit voller Gefechtsausrüstung und Koffer mit den privaten Habseligkeiten zur Kaserne und hofften, dort endlich ein vernünftiges Quartier zu finden. Aber die versprochene Kaserne bekamen wir gar nicht zu sehen. Nach zwei Stunden standen wir den ganzen Tag mitten im Gelände, quasi auf dem Sprung, in Erwartung, was da kommen sollte. Am Abend wurden wir dann alle ins St.-Josefs-Kloster transportiert und dort dem Festungskommando zugeteilt. Hier brauchten wir eine ganze Woche lang nichts zu tun.

Nach dieser überraschenden Zeit des Nichtstuns und der Langeweile gingen dann die Übungen los. Da lernten wir erst, was ein Soldat so braucht, um ein richtiger Soldat zu sein. Wir wurden drangsaliert mit verschiedenen Feldübungen, Schießen, Schwarmlinien und vielem mehr. Es war sehr schlimm. Wir wurden angeschnauzt, wenn wir mal einen Fehler machten, uns wurden Strafen angedroht und wir wurden beleidigt. Schließlich wurden wir dem 45. Landsturm zugeteilt. Da war es viel besser für uns als beim 91. Infanterieregiment. Wir waren meist Egerländer, Böhmen und alte Landsturmmänner, und die Chargen waren ganz gemütlich.

In Sarajevo war es ganz schön. Der Frühling war eingezogen, zeigte sich von seiner schönsten Seite. Wir sahen uns die Stadt an und sie gefiel uns. Die Chargen schikanierten uns nicht und auch die Verpflegung war soweit ganz gut. Auch machten wir Feldarbeiten, um uns zu beschäftigen und badeten öfters.

Am 10. Mai wurde ich zum Wachtdienst eingeteilt ins Artillerielager. Hier war mir sehr zeitlang (langweilig), manchmal fragte ich mich, was ich hier eigentlich sollte. Auch bekam ich einen Brief von der lieben Maria, meiner Braut, der mich sehr freute.

Am 11. Mai ging es mir soweit gut. Auch die Verpflegung war soweit gut, was nicht immer so war. Die Vorgesetzten wollten auch nichts von mir.

Am 12. Mai wurden wir wieder zu Feldarbeiten eingeteilt. Wir Soldaten bearbeiteten den Boden, und die Einheimischen freuten sich darüber.

Am 13. Mai wurde ich zur Wache abkommandiert ins Kreisgericht im Tal.

Den 14. war Truppeninspektion.

Den 15. war Scharfschießen den ganzen Tag auf dem nahen Schießplatz.

Den 16. am Sonntag war ich allein spazieren. Dabei gingen mir viele Dinge durch den Kopf. Ich dachte an Zuhause, was wohl gerade meine

Marie machte, und an meine Familie und an den Krieg, die Lage, in die wir hineingeraten waren. Wie schön könnte es jetzt sein, Zuhause, im Frieden.

Am 16. und 17. Mai hatte ich Nachtübung, wo es sehr anstrengend war. Mir war richtig heiß bei der Schinderei.

Am 18. Mai bekamen wir einen Ruhetag, aber am 19. ging es uns dafür wieder schlecht. Wir mussten Kompanieexerzieren, aber es klappte nicht so, wie es sich die Chargen vorgestellt haben. Manchmal klappte das Strammstehen und Grüßen nicht, manchmal das Marschieren nicht und auch nicht die Übungen mit dem Gewehr. Wir wurden angebrüllt und beleidigt und schikaniert, dass es nur noch schlechter ging. Am Nachmittag lernten wir dann Zeltaufschlagen. Immer wieder bauten wir es auf und ab und nie war es recht. Wir wurden schon ganz verrückt vor lauter Geschrei.

Am 20. und 21. Mai wurde es sogar noch schlimmer. Die meiste Zeit wurde Kompanieexerzieren geübt und Defilierung. Nichts wollte klappen. Die einfachsten Übungen wurden immer wieder geübt, bis wir schon gar nicht mehr wussten, ob wir Männlein oder Weiblein waren. Der Major Edler von Wirth und der Kommandant waren ganz verrückt. Sie waren sehr wütend und hatten hochrote Köpfe vor lauter herumbrüllen. Wir wurden auf die schlimmste Weise beleidigt und mit Arrest bedroht, wenn wir uns nicht richtig anstrengten. Es fehlte nicht mehr viel und ein paar von uns wären auch geschlagen worden. Mich verdross es ganz und am liebsten wäre ich davongelaufen.

22. Mai. Zimmerreinigung. Den ganzen Tag mussten wir putzen und wurden dabei wieder schikaniert. Dreimal waren wir schon fertig und ließen das Zimmer anschauen, jedesmal fanden die Chargen einen Grund, um uns anzubrüllen, wir wären Schweine und eine Schande für die ganze Kompanie. Erst am Nachmittag ließen sie uns endlich in Ruhe.

23. Mai, Pfingstsamstag. Heute war Kirchgang. Die ganze Kompanie marschierte geschlossen in die Stadt und in die Kirche. Am Nachmittag

ging ich mit meinem guten Freund Sigmund spazieren. Er hatte einen Fotoapparat dabei und schoss ein paar Bilder von der Stadt, der Umgebung und von uns.

Am 24. Mai, Pfingstsonntag, ging ich allein im Park spazieren. Ich genoss die Ruhe und den Frieden, doch es war mir sehr zeitlang. Ich hatte viel Zeit zum Nachdenken und war in Gedanken immer mit großer Sehnsucht in der fernen Heimat. Was sie jetzt gerade wohl alle machen daheim?

Am 25. Mai, Pfingstmontag, war es schon wieder vorbei mit der Ruhe. Von frühmorgens an herrschte ein großer Rummel, es war fast nicht auszuhalten. Viele Kommandos wurden durcheinandergebrüllt und wieder verworfen, wir armen Soldaten schikaniert und herumgestoßen und so nebenbei marschbereit ausgerüstet. Wir waren alle etwas aufgeregt, denn es hat geheißen, dass wir bald abrücken müssen dem Feind entgegen. Wir wussten aber nicht, ob es stimmte oder ob es ein Gerücht war.

26. Mai. Regimentsübung. Dem Feind entgegen mussten wir zwar nicht, trotzdem herrschte große Aufregung, als wir mitten in der Nacht herausgetrommelt wurden. Mit viel Geschrei ging es dann bei Nacht und Nebel über Stock und Stein hinaus vor die Stadt in unwegsames Gelände. Es ist schon schlimm, wenn man so rennen muss und man nicht sehen kann, wohin man tritt. Nicht wenige Kameraden verstauchten sich einen Fuß. Ich hatte viel Glück, bekam nur einen kleinen Kratzer im Gesicht ab von einem Ast. Wir fluchten alle wie die Rohrspatzen. Wir kannten auch nicht das Ziel, mussten irgendwann wieder umdrehen und zurückrennen. Viele Kameraden stolperten und stürzten und wurden dafür auch noch angeschrieen. Mir passierte das auch zweimal. Als wir am Morgen endlich wieder in der Kaserne ankamen, war ich ganz kaputt, konnte kaum mehr gehen und stehen. Es war nur gut, dass am 27. den ganzen Tag Ruhetag war.

28. Mai. Wieder so ein verrückter Einfall von unserem Major. Heute stand Schießen auf dem Dienstplan. Um auf die Schießhütte zu kommen, mussten wir mit strammem Schritt auf einen hohen Berg marschie-

ren. Wehe, es blieb einer zurück, dann tobte der Major ganz narrisch (verrückt). Wir schossen den ganzen Tag und am Abend rannten wir mit Hurra den Berg wieder hinunter und in die Kaserne hinein.

Am 29. war den ganzen Tag exerzieren, was wieder sehr ungemütlich war.

Am 30. gingen wir wieder in die Kirche und hatten ansonsten dienstfrei. Ich schrieb einen langen Brief in die Heimat und ruhte mich aus.

Der 31. Mai war ein sehr heißer Tag und für uns auch ein sehr schlimmer. Mit dem ganzen Rüstzeug beladen marschierten wir fort über alle Berge, immer auf und ab und nicht zu langsam. Wir durften nur wenig Rast machen und die drückende Hitze machte uns allen sehr zu schaffen. Um sechs Uhr abends kam die Kompanie schließlich auf einen Berg, wo wir Freilager machten. Wir waren alle ganz kaputt, wollten nur noch schlafen, doch die Nacht war sehr kalt. Ich fror jämmerlich. Aber schlafen durften wir auch nicht. Um Mitternacht hieß es auf einmal auf und zurück nach Hause, im schnellen, unmenschlichen Lauf und wieder unter der Führung des verrückten Majors. Viele Kameraden waren bei diesen Strapazen krank geworden, auch gab es ein paar Tote. Sie fielen vom vielen Laufen und Tragen einfach um und blieben liegen für immer. Gegen zwei Uhr in der Früh kamen wir wieder in Sarajevo an. Ich war ganz marod (erschöpft). Wir rückten in unser Lager ein und durften uns bis mittags ausruhen. Am Nachmittag hieß es dann Gewehr- und Stiefelputzen.

2. Juni. Ich musste trotz meiner wunden und blutenden Füße meine Schuhe anziehen. So legte ich mir selber Verbände an. Außerdem mussten wir unsere gesamte Marschausrüstung überholen. Ich war noch immer ganz marod und wünschte mich weit fort von hier.

3. Juni. Fronleichnamstag. In aller Gottesfrüh ging es wieder über alle Berge, wo wieder einige treue Kameraden für immer liegen blieben. Um 12 Uhr, als wir alle erschöpft auf eine Rast hofften, ging es mit dem verschärften Tempo weiter. Das war schlecht genug. Ich dachte schon,

der verrückte Major will uns alle umbringen. Am Abend stiegen wir von einem Berg herunter und machten im Tal endlich Lager und verbrachten eine schlechte Nacht.

4. Juni. In der Früh erhielten wir den Auftrag, Pfosten auf den Berg hoch zu schleppen. Das ging zwei Stunden lang. Dann Werkzeug fassen für den Straßenbau und über den Berg auf der anderen Seite hinab und unten angefangen zu arbeiten. Sigmund war ganz marod. Zu Mittag ging es über alle Berge zurück ins Lager zur Menage (Essen). Es gab ein Stück Bein und Erdäpfelsuppe, dann ging es gleich wieder hinauf auf den verhassten Berg. Wir arbeiteten den ganzen Tag bis abends, danach mussten wir das ganze Werkzeug zurückschleppen. Am Abend kam auch noch ein furchtbares Gewitter auf. Die Zelte blies es uns weg und wir lagen die ganze Nacht im Wasser und froren.

5. Juni. Heute machten wir dasselbe wie gestern, nur die Menage war viel schlechter. Anstatt etwas Kräftiges zu essen wurde nur geredet bei einem Fünftel Wecken Brot.

Den 6. Juni, Freitag, bekamen wir sogar gar nichts zu essen, stattdessen mussten wir ständig schießen. Dabei war durchgehend den ganzen Tag Gewitter.

Am 7. Juni war es nicht viel besser. Viel Arbeit, aber wenig zum Beißen.

8. Juni. Heute mussten wir Bretter und Holz zum Schützengrabenbauen auf einen hohen Felsen tragen. Der Berg heißt Freiberg. Auf ihm installierten wir eine Neunzentimeterkanone. Gegenüber liegt der Schillerberg, auf den wir eine Achtzentimeterkanone stellten. Unser Lager haben wir jetzt unter dem Grobberg.

9. Juni. Schon wieder so eine elende Schinderei. Wir mussten den ganzen Tag Holz auf den Felsen tragen.

Am 10., 11. und 12. Juni lieferten wir den Drahtverhau hinauf. Dabei war immer täglich starkes Gewitter, und die Nächte durch nass und kalt.

Freitag, 13. Juni. Es geht fast nicht mehr. Wir können einfach nicht fleißig arbeiten und Hunger leiden. Aber wir bekommen immer noch nichts zu essen. Es ist schon unmenschlich, wie wir behandelt werden. Wir sehen alle schlecht aus, sind am Ende unserer Kräfte. Aber es muss weitergehen, wir dürfen nicht schlappmachen. Und der verrückte Major treibt uns immer wieder an, benimmt sich wie wild, kennt kein Erbarmen mit uns.

Am 14. und 15. Juni ist es genau dasselbe. Ich kann schon gar nicht mehr denken und mich auf den Beinen halten, so elend fühle ich mich.

16. Juni. Heute mussten wir wieder bis gegen 3 Uhr arbeiten, dann kam plötzlich der Befehl, eilig in die Stadt zurück. Wir ließen alles liegen, wo es war und rannten eilig den Berg hinab. Wir rissen die Zelte ab, packten alles so schnell es ging und eilten in die Stadt, wo wir dann um 9 Uhr abends total ausgepumpt ankamen. Der Rummel war riesengroß, alles rannte aufgeregt durcheinander, aber niemand wusste genau, was eigentlich los war.

17. Juni. Es ist unbeschreiblich, wie es bei uns zugeht. In aller Frühe ging es auf in voller Rüstung über Stock und Stein, durch kleine Täler und hinderliche Sümpfe bei einer unausstehlichen Hitze, wie sie gerade in ganz Bosnien herrschte. Dazu blieb der Magen leer und der Major brüllte so sehr, dass ich es wohl niemals mehr in meinem Leben vergessen werde. Um 4 Uhr am Nachmittag war endlich ein wenig Rast, ganz kaputt sanken wir auf die Erde, dann aber ging es bald weiter mit leerem Magen bis 9 Uhr abends, wo wir in Torronova ankamen. Hier gab es auch endlich ein bisschen warmes Wasser und auch Reis. Dann lagerten wir ganz kaputt bis in die Früh.

18. Juni. Heute hieß es wieder auf und vorwärts, über alle Berge, bis gegen 1 Uhr mittags. Ich bin fast nicht mehr weitergekommen, so kaputt wie ich war, aber mit dem Stock wurden wir weitergetrieben. Der Major vollführte einen schrecklichen Lärm mit den alten armen Landsturmmännern. Und nicht wenige bekamen Hiebe, wenn sie nicht mehr konnten. Oh, wie arm sieht man da aus!

Auf dem ganzen langen Marsch sieht man nichts als hohe Berge und nackte Felsen. Eine schöne Straße ist zwar da, aber Tausende von Autos, was beim Marschieren lästig war. Trotz aller Müdigkeit und Strapazen heißt es Weitermarschieren im strammen Marsch und in voller Rüstung. Um 8 Uhr abends kamen wir dann todmüde in Kalinovic an, wo wir in Baracken untergebracht wurden. Von Sarajevo bis Kalinovic sind es immerhin 65 Kilometer.

19. Juni. Rasttag. Wir hatten diesen Tag auch bitter nötig. Ein paar Kameraden gingen in der Stadt spazieren, ich aber war viel zu müde dazu. Außerdem hatte ich wunde Füße. Visite des Reserveproviants. Ich dachte noch, dass wir endlich wieder etwas bekommen, aber ich habe mich zu früh gefreut.

20. Juni. Sonntag. Die Ruhepause dauerte nur kurz an. In aller Herrgottsfrühe hieß es wieder auf und Abschied nehmen von Kalinovic. In voller Rüstung ging es über Berg und Tal weiter, immer höher hinauf, der montenegrinischen Grenze zu. Um 10 Uhr war Rast in einem idyllisch gelegenen Wiesental. Menage war nur ein bisschen Reis und Fleisch. Dann ging es wieder weiter auf eine große Wiese. Das Gras stand bis über die Knie, und wir mussten die Zelte aufschlagen. Es regnete sehr und im Gebirge lag Schnee. Die Nacht war wieder hundsmiserabel kalt. Der Lagerberg heißt Koczgarotta, rechts liegt Selenkovac.

21. Juni. Feldwachen wurden aufgestellt, außerdem mussten wir patroullieren gehen. Es kamen auch ein paar Bosnier und Albanesen vorbei. Am Nachmittag gingen wir noch einen Reis kaufen und abends war Sonnwendfeier. Die Offiziere spielten dabei Komödie, waren betrunken und uns Soldaten spielte der Magen bosnische Laute...

22. Juni. In der Frühe hieß es wieder alles zusammenpacken und im schnellen Lauf zurück nach Kalinovic. Wir waren jetzt alle Landsturmmänner der 23. Gebirgsinfanterie. Abends waren wir in Trover, wo wir noch einen weiteren Tag blieben.

24. Juni. Um drei Uhr schon aufstehen und marschieren, so schnell wie möglich. Der Tag wurde wieder sehr heiß und machte uns sehr zu schaffen. Der verrückte Major war auch wieder ganz in seinem Element. Er brüllte wie ein Löwe, weil die Hälfte der Mannschaft erschöpft liegen blieb. Dreckige Hunde, Schweine und elender Sauhaufen waren unsere Trostworte. Dazu gehört selbstverständlich ein leerer Magen, den wir ja stets haben. Abends kamen wir nach Sarajevo zurück, wo wir mit Musik eingeführt wurden. Die ganze Nacht wussten wir nichts von der Welt, so erledigt waren wir.

Den 25. Juni war zwar Rasttag, wir hatten aber auch immer Arbeit genug.

Den 26. arbeitete ich in meinem Geschäft im Kloster.

Den 27. war ich in der Kirche. Am Nachmittag ging es schon wieder los in voller Ausrüstung. Die nächsten Tage gab es für uns wieder nichts zu lachen.

Am 28. Juni bekamen wir die Aufgabe, einen Wald zu lichten und nachher auszuräumen. Dabei regnete es viel. Wollte man sich im Zelt ausruhen, lag man bis zu den Knöcheln im Wasser und Dreck.

Den 29. war es dasselbe und keine Besserung in Sicht.

Den 30. Juni fiel immer noch pausenlos Regen und wir armen Infanteristen hatten immer noch nichts zu essen. Es gab faule Erdäpfel, eine schlechte Krautsuppe und ein bisschen Fleisch mit viel Wasser. Brot haben wir schon seit dem Samstag nicht mehr gesehen. Dazu arbeiten bis 8 Uhr abends.

Den 1. Juli war es auch dasselbe.

Am 2. Juli war es nicht mehr zum Bleiben vor Wasser und Dreck. Wir sahen aus wie die Schweine.

Den 3. Juli hieß es dann endlich die Zelte abbrechen und sofort abmarschieren. Abends kamen wir wie aus einer Lehmgrube im Kloster wieder an und wurden deswegen beschimpft

Den 4. war reinigen, waschen, bürsten und so weiter. Am Nachmittag wurden wir wieder einmal schikaniert. Gleich fünfmal mussten wir wegen schlechter Reinigung antreten.

Am 5. ging das weiter. Den ganzen Tag waschen, baden und Läuse vertilgen. Ich dachte schon, ich werde überhaupt nicht mehr sauber, so wie ich mich fühlte.

6. Juli. Heute war wieder Exerzieren und Musterung. Wir wollten nicht glauben, was der Herr Oberst von uns allen verlangte. Volle vier Wochen sind wir wie Schweine im Kot und Dreck herumgewühlt und auf Arbeit gewesen. Jetzt soll man ganz frisch in der Parade hier stehen, kerzengerade und wie aus dem Ei gepellt. Wir wurden angeschrieen und beleidigt, dass es nur so rauchte. Der Montag war überhaupt ein ganz scheußlicher Tag. Statt Tornister bekamen wir einfache Rucksäcke wie ein Vagabund. Statt Überschwung einen einfachen Garnstrick, Blechpatronentasche, eine Zeugjacke, die wir trugen wie ein Muli, und etliche Offiziere brüllten dabei wie verrückt. Das waren so unsere Vergnügungen. Dazu gehörte selbstverständlich noch diese große Hitze. Stundenlang standen wir in der prallen Sonne, ich wurde ganz dumm dabei. Dazu auch nicht viel im Magen. Die verfluchte Musik beim Marschieren ist auch etwas Elendiges. Am Nachmittag wieder Reinigen zur Strafe.

7. Juli. Marsch wieder auf einen hohen Berg bei unerträglicher Hitze und mit ganzer Marschausrüstung. Dort, wo wir in den Schützengräben auf den Feind lauerten, war sehr viel Militär. Der Herr Generalleutnant und der Feldmarschall waren auch dabei. Bei Nacht kehrten wir wieder zurück.

8. Juli. Den ganzen Tag Visite. Wir mussten alle unsere Habseligkeiten immer wieder vorzeigen zur Kontrolle, und immer wieder wurde etwas Neues gefunden, um uns anzubrüllen und wieder putzen zu lassen.

Der 9. Juli war sehr streng. Es war immer noch unerträglich heiß, trotzdem mussten wir Kompanieexerzieren und Defilieren vor dem Herrn Oberst Spindler. Danach marschierte unser grober Major mit uns wieder zwei Stunden weit zur Wache zum westlichen Heu- und Strohlager, wo wir total durchnässt ankamen vor lauter Schwitzen.

Am 10. Juli war es sehr heiß und ich am Posten, obwohl ich schrecklich müde war. Am Nachmittag waren wir wieder zurück im Kloster bei den Kameraden und mussten Zimmerreinigen.

Den 11. war Sonntag, ich ging in die Kirche. Nachmittag war mir wieder sehr langweilig, saß lange allein im Park auf einer Bank, beobachtete die Menschen und war in Gedanken wieder zu Hause.

12. Juli. Kompanieexerzieren. Und wie da wieder gebrüllt wurde! Nichts konnten wir unseren Vorgesetzten recht machen, sie behandelten uns wie dumme Jungen. Zu Mittag gab es eine erbärmliche Erdäpfelsuppe. Danach musste ich mit ein paar Kameraden auf Wacht ins östliche Heulager. In den Baracken stank es ganz furchtbar vor lauter fauler Erdäpfeln. Und auch die Fliegen quälten uns sehr.

Den 13. Juli Visite und Belohnung von Kameraden, die sich in den letzten Wochen und Monaten besonders hervorgetan haben.

Den 14. Gefechtsübung am Mijaska-Fluss. Am Nachmittag gruben wir Erdäpfel aus und putzten danach unsere Ausrüstungen. Die Offiziere waren dabei holzgrob.

15. Juli. Um 2 Uhr wurden wir schon aus den Betten geworfen und unter Musikbegleitung marschierte unsere Kompanie nach Illiatscha. Um 9 Uhr machten wir Lager an den Bosner Quellen, welche sehr interessant sind. Die Parkanlagen und Alleen sind wunderbar. Der Ursprung der Bosner ist auch sehr schön, er entspringt zu einem schönen starken Fluss und schöne viele Fische schwimmen darinnen, die zum Angeln herausfordern. Es ist sicherlich der schönste Ort in Bosnien. Auch befindet sich ein heißes Schwefelbad mit 570 Grad dort. Wir blieben dort bis 4 Uhr

nachmittags. Dann gingen wir zurück und badeten in der Miljanka, was uns sehr erfrischte und gut tat. Danach ging es im scharfen Marsch in die Stadt zurück. Dort war gerade eine Übung und der Verrückte beschloss, dass wir da auch mitmachten. Wir mussten Schwarmlinien machen und erst um 1 Uhr in der Nacht kehrten wir in das Kloster zurück, in dem wir untergebracht waren.

Am 16. Juli war die meiste Zeit putzen. Nachmittags ging es auf Wacht ins nahe Pilopovic-Lager, wo wir 400 gefangene Albaner bewachten. Die Nacht verging mit lauter Spekulieren.

Den 17. stand ich den ganzen Tag auf Posten.

Den 18. ging ich in die Kirche, dann war allgemeines Putzen.

Den 19. den ganzen Tag Gewehrübungen und am Nachmittag Baden.

Den 20. Gefechtsübung. Die Märsche wurden täglich schlechter. Außerdem hieß es Hunger leiden.

Den 21. ging es weiter. Wir mussten laufend Schwarmlinien machen und Salutierübungen.

Den 22. dasselbe. Wir sind dabei fast verrückt geworden.

Am 23. Juli wurden wir schrecklich beschimpft, wir wussten alle gar nicht, wieso. Vielleicht hatten die Chargen alle einen schlechten Tag oder einen Befehl bekommen, uns anders zu behandeln. Manchmal waren sie richtig saugrob, das man richtig Angst haben musste vor ihnen.

Der 24. Juli war ein ganz schrecklicher Tag. Die Offiziere waren furchtbar vor dem verrückten Major, das lässt sich nicht beschreiben. Wir machten Schwarmlinien, exerzierten, was das Zeug hielt, außerdem war es für uns wieder ein ganz schlechter Marsch. Um 10 Uhr musste ich gleich wieder auf Wacht zur Walzmühle in Dolatsch. Wenn es nicht bald besser wird, gehen wir alle bald zugrunde vor Müdigkeit.

25. Juli. In der Frühe bekamen wir Wachsoldaten nicht einmal mehr Kaffee am Posten. Dazu kam noch der Befehl, dass es morgen noch weiter fortgeht. Wir mussten zurück ins Kloster, wo unsere Kompanie untergebracht ist und unsere Marschrüstung packen. Außerdem bekam ich einen Brief mit Geld von daheim.

26. Juli. Um 1 Uhr nachts ging es auf und mit ganzer Marschausrüstung über alle Berge. Das ganze Bataillon und auch die Küche waren davon betroffen. Um 11 Uhr wurde der Marsch unterbrochen für eine Geländeübung. Danach gingen wir nach Balice. Es war eine schöne Gegend, viel Fichtenwald über lauter hölzernen Hütten, die allerdings meistens niedergebrannt waren. Abends gingen wir in das nahe Städtchen, um es uns anzusehen, aber es sah schrecklich aus. Alles war zerstört, die Kirche demoliert und ausgeplündert. Die Nacht war miserabel, in den Baracken war alles voll Flöhe und Läuse.

27. Juli. Der Tag war wieder voll ausgefüllt. Zunächst reinigten wir die Unterkünfte, dann gruben wir nach Erdäpfeln und wuschen unsere Wäsche.

Den 28. war Chargenausbildung.

29. Juli. Um 3 Uhr hieß es wieder auf und laufen, laufen, laufen, mit voller Marschrüstung den ganzen Tag bei großer Hitze. Die Menschen wurden immer weniger, es geht fast nicht mehr.

Den 30. Juli Senkel begraben in der Schlächterei. Abends begannen wir wieder eine Nachtübung, die sich bis zum 31. zog. Was wir da ausstanden, lässt sich nicht beschreiben. Über alle Berge, Stock und Stein in Schwarmlinien, dazu kam auch noch ein schreckliches Gewitter. Es regnete furchtbar, durchnässte uns völlig und verwandelte den Boden in Schlamm und Dreck. Wir durchquerten einen reißenden Fluss bis zum Hals, dann wieder Wiesen, wo das Gras bis zum Bauch wucherte. Alle Felder und Wiesen waren verwüstet. Ich war total erschöpft wie alle, doch gnadenlos wurden wir weitergetrieben. Der verrückte Major sorgte schon dafür, dass keiner zurückblieb.

1. August. Sonntag. Heute bekamen wir Ruhe zugestanden. Ich ging mit ein paar Kameraden spazieren am Bahnhof, der vollkommen zerstört war.

Am 2. August hatten wir eine Gefechtsübung und stellten außerdem Relaispfosten auf. Als einzige Menage erhielten wir eine dünne Griessuppe. Eine Schande! Wie soll man da bei Kräften bleiben und kämpfen können, wenn der Feind naht?

3. August. Um 4 Uhr früh ging es fort mit voller Marschausrüstung und im schnellen Marsch über Berge und Felsen. Der Chefarzt, der selber ein halber Krüppel ist, schimpfte diejenigen Kameraden, die erschöpft liegenblieben, faule Schweine und Hunde. Ich marschierte meist wie ein tüchtiger Kerl trotz großer Müdigkeit. In einem Tal war Rast und schlechte Marschverpflegung. Es gibt wohl in ganz Bosnien kein Berg und auch kein Tal, das wir nicht auf- und abstiegen. In einem entlegenen Wiesental wurde Lager gemacht. Wir waren etwa 2000 Mann. Der großmäulige Arzt heißt Pawlowacz.

4. August. Früh marschierten wir etwa eine Stunde zurück, da wurde dann gesammelt und zur Befestigung gegen eine Stadt vorgegangen. Was wir da wieder ausstehen mussten, ist unbeschreiblich. Immer wieder über hohe Felsen hinauf und wieder hinunter. Um 12 Uhr war der angenommene Angriff einer Übung. Der Major brüllte wieder wie ein Wahnsinniger und trieb uns vorwärts. Wäre der Angriff Wirklichkeit gewesen, wäre von den 2000 Soldaten wohl kein Mann am Leben geblieben. Um 1 Uhr war abblasen. In einer Schlucht war etwas Matsch, wo wir uns alle dreckig machten, aber wir wurden von den Offizieren schrecklich ausgeschimpft. Um 7 Uhr abends kamen wir todmüde im Tale wieder an.

Den 5. August war der ganze Tag wieder Reinigung, was wir auch sehr notwendig hatten.

Den 6. August gingen ein paar Kameraden und ich auf die Bärenjagd. Dazu stiegen wir 1200 Meter hoch in die Berge Kodaradovic und Borovic. Um 11 Uhr rückten wir wieder ein ins Bataillon, ohne eine Jagdbeute.

Wir hatten zwar ein paar Bärenspuren entdeckt, aber die Raubtiere nicht zu Gesicht bekommen. Rohe Schwämme (Pilze) und Beeren stillten unseren größten Hunger. Am Nachmittag hatte ich Bereitschaft und musste fleißig arbeiten bis zum Abendessen. Am Abend kam dann große Freude auf im Lager. Im Befehl stand der Sieg von Warschau und wir hofften alle auf einen baldigen Frieden und die Heimkehr zu unseren Familien und Bräuten. Artillerie kam von Sarajevo her per Fuß und auch per Bahn. Abends veranstalteten wir einen Fackelzug mit Musik.

7. August. Wir marschierten alle ein gutes Stück weiter. Bei der serbischen Kirche wurde Lager gemacht. Wir armen Soldaten waren alle wie ausgewechselt. Die freudige Nachricht von Warschau hat uns Mut und froh gemacht, man hörte auch wieder vereinzelt Kameraden lachen. Die Musik munterte uns noch zusätzlich auf.

8. August. Ruhetag. Ich war in einer nahen Ortschaft Brot kaufen, weil ich großen Hunger hatte. Ich war immer noch guter Dinge und mich bekümmerte nichts. Außerdem schrieb ich einen langen Brief an die Heimat in der großen Hoffnung, bald wieder nach Hause zu kommen.

9. August. Um 6 Uhr in der Frühe Abmarsch zu einer Geländeübung. Außerdem musste ich Posten stehen mit ein paar Kameraden auf dem Berg Halic, welcher 1027 Meter hoch ist. Unten im Tal liegt Rakovic. Es war wieder sehr heiß, wir rückten aber bald wieder ein. Brot gab es schon einige Tage nicht mehr. Ich tat mich mit meinem treuen Freund Sigmund zusammen und gemeinsam trösteten wir uns mit einer anderen Verpflegung. Mitten im Wald kochten wir einen dünnen Kaffee und wilde Schwämme wie Zigeuner. Wenn das die Leute zu Hause sehen könnten, sie würden sich wohl totlachen. Auch die Fassung, die wir bekamen, war zum Lachen. Wurst bekamen wir wie ein Kanonenstück, und auch der Käse war nicht viel größer. Beides bewahrten wir auf in einer Streichholzschachtel zum Andenken.

10. August. Schon um 4 Uhr in der Früh marschierten wir fort auf eine große Jagd. Wir überstiegen den Berg Japuar und gingen bei großer Hitze gegen Lovorvic vor. Unterwegs sammelten wir Schwämme, Beeren und

Erdäpfel, Birnen, Äpfel und Nüsse, was wir eben finden konnten und was unseren großen Hunger stillte. Im Wald brüllte der Hauptmann die Leute an, damit einem gleich viel leichter wurde im Magen. Und auch der Major war da wie ein Teufel. Ihm entging nichts, hatte Augen wie ein Luchs und an allem, was wir taten etwas auszusetzen. Wenn ihm etwas nicht passte, drangsalierte er den betreffenden Kameraden, dass ihm ganz schlecht wurde. Da konnte einem das Leben auch sauer werden, wenn man das sah. Abends kamen wir wieder hundemüde im Lager an.

11. August. Rasttag. Wir wären auch alle viel zu kaputt gewesen, um noch einmal so einen Gewaltmarsch zu machen. Außerdem hatten wir den Befehl, unsere Ausrüstung zu reinigen. Das jämmerlichste bei unserem Elend ist die tägliche Regimentsmusik, die uns allen gewaltig auf die Nerven geht. Ich wäre froh, wenn ich Ruhe hätte. Und die Offiziere sitzen beisammen, scherzen, lachen, schlagen sich die Bäuche voll und kennen keine Not. Und wir armen Soldaten? Wir sind müde, kaputt und der Magen knurrt fast genauso laut, wie wenn der verrückte Major herumschreit.

12. August. Damit uns nicht die Zeit lang wird, wurde wieder eine Übung angesetzt. Aber diesmal war es nicht ganz so schlimm wie sonst. Danach hatte ich wieder Bereitschaft. Außerdem war Impfen auf der rechten Brustseite. Das ist auch schon viel zu dumm, denn es ist schon das siebte Mal überhaupt. Auch begannen die Herren Offiziere wieder zu spinnen und uns zu drangsalieren. Viele arme Kameraden wurden an Bäume angebunden, ein paar auch eingesperrt, nur weil sie vor lauter Hunger ihre Reserveportionen aufgegessen hatten. Außerdem zerriss der Hauptmann die Post vieler Soldaten, weil sie vor lauter Hunger nach Hause geschrieben haben und ihre Familien um Lebensmittel und Geld baten. Er brüllte dabei so sehr, dass sich seine Stimme überschlug. Es ist schon schrecklich bei uns 45ern!

13. August. Heute unternahmen wir einen Gefechtsrundgang zur Orientierung der Gegend. Unser Marsch führte durch das Tal Portovic bis auf den Berg Balec. Dort genossen wir einen fantastischen Rundblick, der mir unvergesslich bleiben wird. Ein paar Chargen erklärten uns die

Berge, die Gegend und die Himmelsrichtungen, dass wir alle Bescheid wussten. Danach rückten wir wieder ein ins Lager. Ich wurde zur Küchenarbeit befohlen.

14. August. Abmarsch um 6 Uhr auf einen hohen Berg. Der Weg war sehr beschwerlich, denn der Berg war nicht nur schwer zu begehen, wir mussten über eingestürzte Brücken steigen und an aufgerissene Baumriesen vorbei. Auch ein großes Sägewerk war ganz geplündert und zerstört worden. Wir erstürmten mit Hurra noch eine Bergkuppe, dann ging es unerbittlich im Laufschritt wieder heim ins Lager. Der verrückte Major trieb uns unerbittlich an. Wir liefen durch Sümpfe, Bäche und Sträucher, stürzten, rappelten uns immer wieder auf. Vollkommen erschöpft und durchnässt kamen wir im Tale wieder an. Aber anstatt uns ausruhen zu dürfen, hieß es herumlaufen und unser Zeug zusammenpacken. Denn es war der Befehl gekommen, wir müssen gleich nach Sarajevo zurück.

15. August. Das ganze Bataillon marschierte ab samt Musik. Um 12 Uhr kamen wir in die Stadt, wo wir stramm einzogen, als ob die ganze Zeit über nichts passiert wäre. Die Straßen, Tore und Fenster waren mit Menschenmengen gefüllt, die uns freudig begrüßten. Nachmittags hatten wir dienstfrei und ich ging mit ein paar Kameraden gemütlich spazieren. Außerdem machte ich ein paar Eintragungen in mein Tagebuch.

16. August. Den ganzen Tag gründliche Reinigung unserer Ausrüstungen und dann gleich wieder alles packen, denn es soll gleich wieder weitergehen. Die allgemeine gefährliche Lage lässt uns keine Zeit, uns einmal richtig ausruhen zu können.

17. August. In aller Herrgottsfrühe erfolgte der Abmarsch auf die tradigorische Abruzzen in voller Marschrüstung. Es wurde wieder ein ganz grässlicher Marsch. Unerbittlich wurden wir vorwärtsgetrieben, die letzten wurden sogar geschlagen. Trotzdem blieben viele wackere Kameraden erschöpft liegen und kamen erst viel später nach. Sie wurden später dann noch einmal hart bestraft. In einem Tal bauten wir große Zelte auf, worin wir mit 20 Mann schlafen mussten. Wir konnten uns dabei fast nicht rühren. Die Nacht war bitterkalt.

18. August. Heute ist der Geburtstag unseres Kaisers, deswegen wurde ein Rasttag eingelegt. In einer glühenden Ansprache unseres Majors wurde seine Majestät gewürdigt und auch die große Sache, für die wir unsere Köpfe alle hinhalten mussten. Mir aber war sehr bange und ich dachte an unser trauriges Los. Auch gab es zur Feier des Tages für jeden Soldaten eine Essschale Bier.

19. August. Es ging auf Arbeit. Unser Bataillon erhielt den Befehl, Schützengräben zu bauen und mit Ruten auszuflechten. Das ganze Gelände ringsum ist voll Schützengräben und Drahtverhaue, damit der Feind Schwierigkeiten hat, wenn er heranstürmen will. Ringsherum sind sehr hohe Berge, auch gibt es sehr viel Obst, Zwetschgen und Birnen. Aber die Marschverpflegung wird immer weniger.

20. August. Heute waren wir den ganzen Tag damit beschäftigt, Haselnussruten zu schneiden. Ein Teil des Bataillons brachte sie ins Lager und der andere Teil beschnitt sie so, wie man sie brauchte.

21. August. Überwiegend dieselbe Arbeit wie gestern. Man konnte es fast dabei aushalten, wären da nicht wieder die saugroben Chargen gewesen. Am Mittag kam die Nachricht von einem großen Sieg in Russland. Unseren Kameraden dort war es gelungen, 700 Geschütze zu erbeuten und 85000 Gefangene zu machen, darunter auch sechs Generäle. Die Nachricht freute uns zwar, aber uns allen wäre die Nachricht eines Friedens viel lieber gewesen. Der verrückte Major schrie, dass er hofft, bald Feindberührung zu bekommen, um ebenfalls endlich etwas für das geliebte Vaterland tun zu können. Auch hieß es schon wieder marschbereit zu sein und auch die Chargen wurden wieder saugrob. Am Nachmittag wurden Maurer gesucht und ich meldete mich. Wir waren zehn Maurer zum Betonieren und bauten eine Hütte und eine große Wanne zum Mischen.

22. August. Sonntag. Wir konnten alle nicht mehr. Am Abend wurde Wein ausgeteilt, war aber nicht viel. Am Nachmittag musste das ganze Bataillon antreten, dann gab es Belobigungen für besondere Tüchtigkeit, aber auch Strafen. Ich war nirgends dabei.

Den 23. August war ich den ganzen Tag Sand vom Fluss holen.

Den 24. August ebenfalls. Die Arbeit war sehr anstrengend, denn meine Glieder waren matt. Die Ortschaft in der Nähe heißt Sritalac.

Den 25. waren wir fleißig am Betonieren. Dazu trugen wir Maurer weiße Zwillichmonturen, genauso wie Arrestanten.

Den 26. immer noch fleißig arbeiten. Auch machten wir stundenlang einen Graben zu den Schützengräbern hinüber. In einer Pause schrieb ich meinem Freund Franz durch das Rote Kreuz. Die Ortschaft, in der es sich befand, hieß Ticanovic.

Am 27. dieselbe Arbeit.

28. August. Anscheinend gefiel den Chargen nicht, was wir errichteten, vielleicht arbeiteten wir auch viel zu langsam, aber heute mussten wir umsonst arbeiten, dazu noch unter strenger Aufsicht und mit leerem Magen, was mich sehr verdross.

29. August. Sonntag. Bis Mittag mussten wir arbeiten, dann wurde Wein verteilt. Viele meiner Kameraden ertränkten ihren heimlichen Kummer und waren betrunken, natürlich auch der gesamte Stab. Mir war sehr bange, ich dachte pausenlos an meine Lieben und schrieb mit Sehnsucht einen Brief heim.

Den 30. und 31. August dieselbe Arbeit wie die Tage zuvor.

Am 1. September war ein fürchterliches Regenwetter, ein Arbeiten war unmöglich.

2. September. Der Befehl wurde bekannt gegeben, dass die gesamte Mannschaft Urlaub bekäme. Wir brüllten uns alle daraufhin die Freude von der Seele, nicht wenige weinten sogar darüber. Doch welche traurige Sache: die Fahrt nach Hause und die gesamten Reisekosten überhaupt sollten wir selber übernehmen. Welch ein Skandal und welch eine Frechheit! Einem Landsturm, der ein volles Jahr für sein Vaterland streitet und

die allergrößten Strapazen und Entbehrungen auf sich nehmen muss, ob er will oder nicht, vergönnt man nicht einmal, seine Lieben daheim noch einmal zu sehen. Eine Affenschande ist das!

3. September. Auch heute war es ganz schlecht mit arbeiten vor lauter Regen. Mir war es ganz recht so. Nach der gestrigen deprimierenden Nachricht hatte ich sowieso keine Lust, etwas zu tun.

4. September. Der Regen hatte etwas nachgelassen, also mussten wir ran, wieder arbeiten. Danach war Gewehrputzen und Kontrolle. Natürlich waren sie den Kontrolleuren nicht sauber genug, dass wir nochmal putzen mussten und dabei immer wieder angeschrieen wurden. Danach war allgemeine Visite. Man wollte sich wohl vergewissern, wie viel man uns armen Männern noch zumuten kann.

5. September. Schutzengelfest. Bis Mittag Arbeit, dann kam eine Militärkapelle aus der Stadt mit viel Musik anmarschiert. Wir erhielten den Befehl, uns auf Geschlechtskrankheiten untersuchen zu lassen. Mich freute das überhaupt nicht. Wir mussten uns alle ganz nackt ausziehen, wurden genau untersucht und mussten dabei auch noch die Spötteleien der Chargen erdulden. Mich verdross das und ich ging danach fort. Ich wollte ganz einfach allein sein. Erst am Abend kam ich zurück. Die meisten Soldaten waren hoffnungslos betrunken. Die ganze Nacht war das ein Grölen, Schreien und Singen, das war ein richtiger Skandal, vor allem bei den Chargen. Die tranken uns armen Landstürmlern auch noch den allerletzten Tropfen weg.

6. September. Die Arbeit ging wieder los. Die allgemeine Stimmung war sehr schlecht, was wohl auch auf den Wein zurückzuführen war. Vor allem die Chargen waren sehr grantig und mal wieder saugrob. Am Abend mussten wir uns alle in einem großen dicken Buch einschreiben zum ewigen Andenken der Weltgeschichte.

7. September. Mit ein paar Kameraden suchte ich Draht. Aber woher nehmen und nicht stehlen?

Den 8. September war Maria Geburt. Aber egal, wir mussten trotzdem arbeiten.

9. September. Heute war etwas Abwechslung in der Frühe. Es wurde gerauft. Einer der Beteiligten brachte dabei einem anderen eine hässliche Wunde im Gesicht bei. Ein paar Chargen nahmen nach dem Streit die Streithähne erst mal fest und stellten sie unter Arrest. Danach ging es wieder an die Arbeit.

10. September. Heute war es nicht viel besser. Die allgemeine Stimmung war sehr schlecht und gedrückt. Allerdings bekamen wir nun täglich Wein oder Slivovitz ausgeteilt, wurden dabei aber schrecklich betrogen. es ist schon grässlich, niederträchtig und gemein, wie es alte Männer trieben, um zu ihrem Vorteil zu kommen. Das ist nicht zu beschreiben!

Am 11. und 12. September hatten wir dienstfrei. Leider war es sehr regnerisch, so konnten wir nicht fort. So hockten wir die ganze Zeit in den Zelten herum, bliesen Trübsal, spielten Karten, schrieben Briefe nach Hause und schliefen. Ruhe hatten wir alle auch bitter nötig.

Den 13. trugen wir Pflöcke auf den Berg.

Den 14. betonierten wir Maurer.

Am 15. September bauten wir zur Abwechslung eine Brücke.

16. September. War wieder ein sehr anstrengender Tag. Wir mussten schwere Zementplatten auf den Berg hinauf liefern zur Maschinengewehrdeckung. Das war eine schweißtreibende Angelegenheit, die sehr in die Knochen ging. Auch wurde eine Meilestätte ausgegraben zum Kohlebrennen.

17. September. Ich wurde mit ein paar Kameraden abkommandiert zum Rutenschneiden. Danach wurde ich zur Lagerwache eingeteilt.

18. September. Bis Mittag hatte ich Dienst, am Nachmittag stieg ich auf einen Nussbaum und holte mir eine Essschale Nüsse. Das war eine langwierige Angelegenheit, aber was macht man nicht alles, wenn man Hunger leiden muss. Danach ging ich auf mein erbärmliches Lager zurück und schrieb mein geheimes Tagebuch mit großer Sehnsucht im Herzen, an die liebe Heimat denkend und an mein fernes Liebchen.

19. September. Bis Mittag war wieder allgemeines Arbeiten, am Nachmittag mussten wir unsere Ausrüstungen zusammenpacken.

20. September. In der Früh marschierten wir in voller Rüstung ins Kloster zurück, wo wir uns für ein paar Tage häuslich einrichteten. Am Nachmittag musste unser Bataillon ins Filipovic-Lager, dort hieß es Monturen desinfizieren, Baden und Läuse vertilgen. Am Abend wieder im Kloster war alles stockbesoffen. Ich war selber das erste Mal, seitdem ich beim Militär war, guter Laune. Aber ich wusste wenigstens immer, was ich tat, im Gegensatz zu ein paar Chargen.

21. September. Die Nachwirkungen vom gestrigen Abend machten mir schwer zu schaffen, ich war ganz marod. Es war nur gut, dass wir dienstfrei hatten, da konnte ich mich wenigstens bald wieder hinlegen und noch ein wenig schlafen.

22. September. Den ganzen Tag waren wir damit beschäftigt, unsere Ausrüstungsgegenstände zusammenzupacken, um schon wieder abmarschbereit zu sein.

23. September. 120 Mann, überwiegend Pollacken, wurden zu uns geschickt, damit die Kompanie verstärkt wurde. Der verrückte Major nahm sie gleich entsprechend in Empfang, damit sie merkten, dass es bei uns kein Zuckerschlecken ist. Uns war es recht, so wurden wir wenigstens in Ruhe gelassen.

24. September. Heute war wieder ein großer Rummel mit lauter Ausrüstungen packen, Montur fassen und insgesamt zehnmal antreten. Damit verging der ganze Tag.

25. September. Am Exerzierplatz ging es uns heute hundsmiserabel. Wir armen Landstürmler wurden wieder drangsaliert, dass es eine wahre Pracht war. Stundenlang machten wir Gewehrübungen, mussten wir strammstehen, grüßen und defilieren. Und die Chargen waren natürlich wieder einmal saugrob.

26. September. Um 3 Uhr hatte ich Tagwache, dann marschierten wir geschlossen zum Bahnhof. Der Rummel war groß, einer hockte auf dem anderen. Wir fuhren ab um 12 Uhr, waren vor Sarajevo. Durch viele Tunnels fuhren wir bis zur Stadt Rovadica. Dort stiegen wir aus, mussten uns sammeln und aufstellen. Das dauerte wieder eine Weile, und ich kam mir dabei sehr dumm vor. Erst gegen Abend ging es zu Fuß weiter. Uns taten die Füße weh, aber alles jammern nützte nichts. Mehr gehen kann man einfach nicht mehr. Auch gab es an diesem Tag nichts mehr zu beißen. Um 10 Uhr in der Nacht kamen wir endlich in Rovadica an und wurden in elenden Zuschenhütten einquartiert, wo es ganz übel stank und alles voll Flöhe und Läuse war. Die ganze Nacht war es hundsmiserabel kalt und ich war mehr auf der Jagd nach den verflixten Viechern, als dass ich schlief.

27. September. Dienstfrei. Zusammen mit ein paar Kameraden sah ich mir die Stadt an. Sie war in ihrem Zentrum verwüstet, überall lagen Trümmer und Scherben herum. Sonst war sie eigentlich ganz hübsch.

28. September. Wir marschierten wieder auf einen Berg, die Behausung war über dem Wachtdienst. Das 19. Regiment marschierte ab, wir übernahmen für sie den Wachtdienst. Überhaupt waren an diesem Tag große Truppenverschiebungen. Unsere 1. Kompanie musste 25 Kilometer näher an die Grenze heran, auch kamen das 4. und 25. Regiment. Am Abend wimmelte es nur so von Militär.

29. September. Wir haben heute Häuser geplündert und übersiedelten in die Militärbaracken. Da sah es sehr scheußlich aus, da gab es sehr viel zu reinigen. Auch so mancher Unteroffizier ist mir an diesem Tag im Gedächtnis haften geblieben. Sie haben sich wieder benommen, dass man nur den Kopf schütteln kann, richtig menschenunwürdig.

30. September. Auf einem sumpfigen Feld mussten wir exerzieren, bis die ersten Kameraden ganz kaputt zu Boden sanken. Da hättet ihr auch wieder den verrückten Major brüllen hören können. Er hat sich an Beleidigungen und gemeinen Beschimpfungen wieder selbst übertroffen. Es ist nicht zum Beschreiben. Zum Schluss sahen wir wieder aus wie die Schweine und mussten unsere Monturen reinigen. Am Nachmittag ging ich auf Orientierungswacht Nummer 1.

1. Oktober. Ich stand gerade auf Posten, als der Telefonanruf durchkam, sofort Wache ablösen und einrücken. Es wurde sofort marschbereit gemacht und es ging 12 Kilometer weit im strammen Marsch und ohne Rast bis zur Station Rovac. Der Major ging vorne draus, brüllte in seiner wilden Art die Menschen auf der Straße an und schlug auch mit seinem Stock auf sie ein, wenn sie uns nicht auswichen. Außerdem trieb er uns unerbittlich vorwärts. Wir konnten fast nicht mehr. Um 12 Uhr Mittag endlich erreichten wir ein scheußliches Tal, in dem wir uns etwas ausruhen durften. Auch war es unerträglich heiß und wir hatten kein Wasser. Um 2 Uhr ging es dann weiter, immer höher und höher. Der Berg war furchtbar steil, teilweise mussten wir auf allen Vieren kriechen. Um 5 Uhr waren wir dann endlich oben, wo wir wieder rasteten. Ich glaubte schon ganz verzweifelt, ich muss liegen bleiben wie so mancher treue Kamerad. Aber das war noch lange nicht unser Ziel. Es ging noch weiter, nochmals über einen hohen Berg. Oben angekommen, ganz kaputt, war es stockfinster. In einer Buchenwaldmulde wurde das Nachtlager aufgeschlagen. Von Essen war natürlich keine Spur, und auch das Wasser war etwa eineinhalb Stunden entfernt.

2. Oktober. In der Frühe wurden wir aus dem Schlaf gerissen und mussten in voller Marschausrüstung in der gebirgigen Gegend patrouillieren gehen. Das war wieder sehr beschwerlich. Das beste dabei war, man fand Birnen und Äpfel und konnten so unseren größten Hunger stillen. Wir marschierten gegen Koraco und gegen Trina. Plötzlich fielen mehrere Schüsse, aber vom Feind war keine Spur. Dann ging es weiter zurück, um 3 Uhr waren wir wieder auf unserem Berg oben.

3. Oktober. Es lässt sich nicht beschreiben, was wir wieder durchstehen mussten. Schon um Mitternacht wurden wir teilweise mit Stockschlägen brutal geweckt und gleich hieß es mitsamt der ganzen Rüstung zurück. Es war stockfinster, wir konnten die Hand nicht vor Augen sehen, dazu kam ein Regen und heftige Stürme, die alles erschwerten. Trotzdem wurden wir noch angetrieben und mussten einen steilen und gefährlichen Felsabhang hinabmarschieren. Ein normales Gehen war unmöglich, wir stolperten viel und prallten auf fluchende Vordermänner. So mancher Kamerad fiel erschöpft und blieb liegen. Und der Verrückte war überall. Von dem mag ich gar nicht mehr schreiben, denn der bleibt jedem von uns ewig im Gedächtnis.
Um 7 Uhr früh kamen wir unten im Tal endlich an. Wir waren alle ganz kaputt, außerdem wurde nur noch serbisch geschimpft, weil so viele zurückblieben und erst so nach und nach bei uns eintrafen. Mit einem fürchterlichen Donnerwetter und mit Stockschlägen wurden sie vom zornigen Major empfangen. Eine viel zu kurze Rast, und es ging weiter mit leerem Magen. Um 12 Uhr Mittag kamen wir wieder in Rovatica an, voll Hunger und dreckig wie Schweine. Es war fürchterlich. Aber endlich gab es ein bisschen Menage, zu wenig zum Leben, zuviel zum Sterben. Tabak gab es dagegen schon über acht Tage nicht mehr.

4. Oktober. Wir bekamen zur Feier des Tages Feldnüsse in die Tornister, weil heute der Tag unserer Kompanie war. Was für eine fürstliche Gabe. Am Nachmittag hatte ich Bereitschaft, bei der Nacht musste ich patrouillieren gehen in der Stadt.

5. Oktober. Wieder war ein wenig exerzieren und so weiter, damit wir nicht aus der Übung kommen, wie die Chargen höhnisch meinten. Das ganze soll der Kuckuck holen! Am liebsten würde ich den ganzen Dreck hinschmeißen und nach Hause gehen, wenn ich könnte. Am Abend waren wir schon wieder marschbereit.

6. Oktober. Früh Abmarsch nach Wischograd. Da hieß es wieder fürchterlich schwitzen und der Hirnverbrannte ließ nicht einmal wenigstens kurz rasten. Wir marschierten 12 Kilometer weit über Berg und Tal.

Dann wurden endlich die Zelte aufgeschlagen, es regnete und es war auch sehr kalt. Dazu nichts zu essen und auch nichts zum Rauchen.

7. Oktober. Um 6 Uhr schon wieder Abmarsch gegen Wischograd. Um 8 Uhr kamen wir in ein Lager, wo alles voller Militär war. Dort wurden in der Finsternis im größten Dreck und Schlamm die Zelte aufgestellt. Vom Osten her hörte man den Kanonendonner von der nahen Front. Und auch in der Nacht war es unheimlich. Es war sehr kalt und die ganze Nacht konnte ich nicht einschlafen wegen dem Dröhnen der Geschosse der Kanonen.

8. Oktober. Um 1 Uhr in der Früh überschritten unsere Truppen die Brücke über die Trna, welche sie vorher aufgebaut hatten. Die Serben wichen zurück, unser Bataillon lag in Reserve in banger Erwartung, bis es an uns lag, in die Kämpfe einzugreifen. Bis um 4 Uhr verharrten wir an unserem Platz, redeten kein Wort, viele beteten und dachten an die Heimat. Ob wir unsere Lieben alle wiedersehen würden? Oder wartete dort drüben etwa das unwiderrufliche Ende?
Dann kam es telefonisch, dass wir wieder zurück könnten, denn die Kameraden an der Front bedurften unserer nicht mehr. Um 6 Uhr marschierte unser Bataillon wieder ab und es ging wieder zurück zum alten Lagerplatz, wo wir rasteten. Überhaupt waren wir alle ganz kaputt und der Kanonendonner begleitete uns.
Um 2 Uhr Mittag marschierten wir weiter nach Rovatica zurück. Das war ein peinlicher Marsch: müde Soldaten, hundsmiserables Wetter und überall Dreck, wohin man auch trat und sah. Die Füße und die Achseln schmerzten sehr. Um 6 Uhr kamen wir endlich wieder hundemüde in Rovatica an. Die Menage war sehr schlecht, und der Tabak war ganz gar (aufgebraucht).

9. Oktober. Am Vormittag war Monturreinigen, Gewehrputzen und allgemeine Reinigung. Am Nachmittag musste ich auf Stationswacht. Der Angriff bei Wischograd von 7 bis 8 Uhr bei der Nacht war alles andere als angenehm. Die feindlichen Serben zerschossen uns die Brücke, zwei Züge wurden gefangengenommen. Auch mussten wir etliche Tote und Verwundete einbüßen. Wir zogen uns zurück. Von 9 bis 10 Uhr hatte ich Posten beim Versorgungsmagazin. Es war sehr sehr kalt.

10. Oktober. Bis Mittag war ich auf Wache. Mit der Menage war es nicht am besten, kein Brot, kein Tabak, dennoch hatte ich Geld im Hosensack, das ich nicht ausgeben konnte. Am Nachmittag hatte ich dienstfrei. Ich war ganz marod und verdrossen, wollte gerne allein sein. Abends mussten wir schon wieder marschbereit sein.

11. Oktober. Am Vormittag war allgemeines Kompanieexerzieren angesagt, mussten aber vom Exerzierplatz weg marschieren wegen den vielen feindlichen Fliegern. Wir marschierten eine Stunde lang hinaus ins Gelände, bis wir in eine verlassene Ortschaft gelangten, und dort mussten wir Schwarmlinien laufen. Um halb 12 Uhr einrücken. Um 1 Uhr kam ein Doppeldecker. Alles, was Beine hatte und laufen konnte, rannte zu dem Landungsplatz. Die Musik spielte sogar einen Fliegermarsch. Ich aber kümmerte mich nicht darum, mich interessierte auch nicht, wer da gelandet war. Am Nachmittag wurden Feldwachen aufgestellt, am Abend kauften wir uns ein wenig Jause und die ganze Löhnung war wieder dahin. Es war alles schrecklich teuer.

12. Oktober. Am Vormittag war Gefechtsvorgang durch viele Gärten und Häusergruppen. Die Häuser wurden gründlich durchsucht und ausgestöbert, Äpfel und Birnen mitgeschleppt. Am Nachmittag hatte ich Lagerwache beim großen Tor im Kasernenhof. Da war es schrecklich, was da für ein Verkehr auf der Straße war. Pausenlos marschierten Truppen und Arbeiterkolonnen ein und aus, Autos fuhren mit viel Lärm und Gehupe vorbei. Viele Flieger landeten und stiegen immer wieder auf. Ich sah mit schlechtem Hamur (Laune) zu. In der Nacht war es wieder sehr kalt am Posten.

13. Oktober. In der Frühe kam der Befehl, dass wir uns marschbereit halten sollten, denn es konnte alle Stunde fortgehen. Ich hatte Dienst bis zum Abend. Dann packte auch ich meine Sachen zusammen.

14. Oktober. Am Morgen marschierten wir wieder nach Wischograd gegen Serbien. Der Marsch war sehr anstrengend, die Chargen trieben uns pausenlos an. In einer sumpfigen Gegend wurde Lager gemacht. Die

Nacht war sehr kalt und es regnete furchtbar. Von Gemütlichkeit keine Spur.

15. Oktober. Ich fühlte mich ganz marod. Die ganze nervliche Anspannung, das viele Schreien und das schlechte Wetter, und viele andere Umstände führten dazu und drückten mir aufs Gemüt. Ich blieb in meinem Zelt und hörte gedankenverloren dem Kanonendonner von der Front zu.

16. Oktober. Wir mussten Pflöcke holen für den Drahtverhau an den Schützengräben, außerdem mussten wir ein paar Übungen zum Weggehen machen. Ebenfalls übten wir das Überschiffen über den Fluss. Die Chargen beschimpften uns wieder fürchterlich, weil es nicht gleich so klappte, wie sie es sich vorgestellt hatten. Außerdem wurden noch Patronen gefasst.

17. Oktober. Kirchweihfest. Schießübungen standen auf dem Dienstplan. Es kamen sehr viele Truppen zusammen, im Lager waren schon bald über 10000 Männer. Den ganzen Tag wurde geschossen, so hatte ich wieder viel Zeit für mein Tagebuch und meine Gedanken.

18. Oktober. Wir bekamen den Befehl Kiefern zu schneiden für die Feldpackerei.

19. Oktober. Heute mussten wir Holzpflöcke holen in der Ortschaft Sischka.

20. Oktober. Es war wieder ein sehr peinlicher Tag. Wir mussten wieder unsere Sachen herrichten und kontrollieren lassen, außerdem wurden wir stundenlang belehrt über den Angriff über die Trna. Manchmal hatte ich das Gefühl, dass die Chargen glaubten, es nur mit Dummköpfen zu tun zu haben. Immer wieder wiederholten sie ihre Worte und predigten uns die Vorgehensweise, bis mir der Kopf schwirrte.

21. Oktober. Wir wurden zum Holzmachen geschickt, aber alles war ganz aufgeregt. Die Chargen standen beisammen und redeten aufeinan-

der ein, oder aber sie rannten durcheinander, brüllten unsinnige Befehle und beschimpften uns Soldaten, die nichts dafür konnten.

22. Oktober. Es ging fort zum Angriff gegen die Serben in Wischograd. Die Chargen waren noch aufgeregter als am gestrigen Tag, wir Soldaten blieben dagegen ganz ruhig, größtenteils aus Angst vor dem, was uns da erwartete. Um 11 Uhr bestiegen wir die Flöße im größten Feuer des Feindes. Ich war auch mit als erstes im Floß. Die Granaten explodierten rechts und links von uns, etwa in der Flussmitte durchschlug uns ein Geschoss das Fahrzeug. Auch hatten wir schon Tote und Verwundete. Das Wasser drang ein und das Fahrzeug ging unter. Wir mussten alle in den Fluss springen. Glücklicherweise kam ich unverletzt ans Ufer und ging sofort in Deckung. Was wir dort den ganzen Tag und auch die Nacht durchstanden, war so schlimm und so entsetzlich, dass es sich nicht schildern lässt. Nur Gott hat seine schützende Hand über mich ausgestreckt und mein Leben gerettet. Wohin ich auch blickte, überall lagen Tote und Verwundete, zum Teil grässlich verstümmelt. Unsere Chargen waren bereits alle tot. So ging es fort in Schwarmlinien und immer nur den Tod vor Augen. Endlich durchschritten wir die Uferböschung und ein großes Waldstück und die Serben mussten sich zurückziehen. Ein paar Männer schrieen Hurra und Sieg, aber mir war nicht nach einem Sieg zumute.

23. Oktober. Wir, die noch lebten und gesund waren, sammelten die Toten und verwundeten Kameraden ein, um sie ärztlich versorgen zu lassen und ein anständiges Begräbnis zukommen zu lassen. Das war ein grässlicher Anblick, den ich mein Lebtag nicht mehr vergessen werde. Viele meiner lieben und treuen Kameraden lebten nicht mehr, und wenn mich keiner beobachtete, schämte ich mich meiner Tränen nicht. Außerdem betete ich zu Gott und dankte ihm für seinen gnädigen Schutz.
Ich war auch nicht zum Ansehen vor lauter Dreck und Schlamm, außerdem war ich bis auf die Haut durchnässt und meine Montur total zerrissen. Meine Augen lagen tief in den Höhlen, drum herum hatte ich schwarze Ringe. Der Kommandant war unheimlich kameradschaftlich und freundlich, klopfte uns allen aufrechten Männern auf die Schultern und versprach uns bei nächster passender Gelegenheit die Silberne. Es

ist einfach unglaublich, was ein Mensch aushalten kann, wenn er nur muss.

24. Oktober. Heute wurden die vielen Leichen aus der Trna herausgezogen, das war auch eine schauerliche Arbeit. Die Leichen waren alle furchtbar entstellt, teilweise grässlich verstümmelt, teilweise fast bis zur Unkenntlichkeit aufgequollen. Es war ein fürchterlicher Anblick, wie sie da tot so in der Reihe lagen. Auch viele Serben waren darunter. Am Nachmittag stand ich auch noch als Posten bei den Leichen. Und ich wünschte mich weit weit fort, irgendwohin, wo es nur Frieden gibt und keinen Krieg.

25. Oktober. Wir gruben ein großes Massengrab am nahen Soldatenfriedhof. Das war sehr anstrengend. Danach waren wir alle erschöpft. Der Feldgeistliche hielt eine Messe, bei der viele weinten. Der Oberleutnant hielt ebenfalls eine Rede über die Tapferkeit der Soldaten und den Ruhm, auf dem Felde der Ehre für das Vaterland zu sterben und versprach uns die Auszeichnung, die wir den Angriff mit ihm machten. Ich war soweit ganz gesund, hatte sehr viel Glück gehabt und nicht einmal einen Kratzer abbekommen, war aber total erschöpft. Trotzdem aber ließ ich es mir nicht nehmen, meine Kameraden zu begraben.

26. Oktober. Der heutige Tag war auch wieder ein Skandal. Alle Offiziere waren sehr nervös. Dreimal mussten wir antreten, einmal in voller Ausrüstung, einmal wieder nicht. Was sie genau von uns wollten, vermochte niemand zu erraten. Endlich ging es mit ganzer Ausrüstung und mit Schaufeln auf einen hohen Berg, wo wir alles ablegten. Dann ging es wieder zurück, um Draht und Pflöcke zu holen. Es war ein scheußlicher Gang, denn wohin wir auch sahen, alles war voller Leichen. Dann hieß es auf einmal schnell Deckung nehmen. Vor uns auf den Bergen war Feuer und Kanonendonner. Die Nacht war aber ziemlich ruhig, was mich sehr nervös machte.

27. Oktober. Es herrschte ein starkes Gewitter, trotzdem mussten wir im größten Regen fleißig Deckungen bauen. Auf den Bergen tobte der heftige Kampf weiter. Abends wurde es aber wieder etwas ruhiger.

28. Oktober. Um 5 Uhr in der Frühe ging es fort dem Feinde nach. Da hieß es wieder mächtig schwitzen und fleißig marschieren. Vor uns tobte der Kampf, der Kanonendonner hallte in unseren Ohren. Rund um eine Berglärche hatten wir Menage. Wir waren Reserve. Hinter Wischograd bei Vasice war wieder Rast. Am Abend war es wieder sehr kalt, dennoch gab es ein starkes Gewitter. Das Gefecht um uns herum wurde leichter, in der Frühe hockten wir beim Lagerfeuer im Dreck herum.

29. Oktober. Frühmorgens ging es in die Stellung. Ich bekam eine sehr gefährliche Aufgabe zugewiesen. Zusammen mit zehn Pollacken musste ich auf Patrouille gehen auf eine Bergkuppe. Es waren zu wenig Soldaten. In der Nacht tobte noch der Kampf, wir kamen aber mit viel Glück unverletzt durch. Der Feind war auch schon entflohen. Hin und wieder fanden wir einen Toten, einige Tschuschen waren in ihren Hütten. Die ließen wir gnädigerweise laufen. Weiter vorne entbrandete ein lebhaftes Gewehrfeuer. Ich blieb bei einer großen Kiefer in Deckung und dachte an die Heimat. Ob ich sie je noch einmal wiedersehen werde?

30. Oktober. Die ganze Nacht befand sich unsere Kompanie in Schwarmlinien. Es war schrecklich kalt, Wind und Regen pfiffen uns empfindlich um die Ohren. Bei Tagesanbruch gingen wir in Deckung und warteten ab. Dann mussten wir einen hohen Berg stürmen. In letzter Zeit war ich schon auf viele Berge gestiegen, aber der hier war der mit Abstand schlimmste und gefährlichste. Er war sehr steil und oben waren es genau 48 Meter nur Felsen. Zu Mittag waren wir endlich oben und der Feind zog sich weiter zurück. Es regnete die ganze Zeit fürchterlich, außerdem war es sehr kalt. Bei einem Lagerfeuer konnten wir uns ein wenig aufwärmen und unsere Sachen trocknen. Der Kampf aber dauerte vor uns an. Auch wir wurden irgendwann bemerkt und der Feind schoss uns ins Lager. Die ganze Nacht war es sehr gefährlich.

31. Oktober. Heute lagen wir den ganzen Tag im Kampf, abends aber mussten wir trotz erbitterter Gegenwehr weichen. Die Serben überschütteten uns mit Schrapnells und Granaten. Im Laufschritt ging es zurück über die steilen Felsen hinunter. Es ist nicht zu beschreiben. Auf unserer Flucht hatten wir gar keine Zeit dazu, Angst zu haben oder uns Gedan-

ken zu machen über diesen gefährlichen Weg. Nur fort hieß die Parole. In einem Wald konnten wir uns endlich verstecken und verbrachten dort die Nacht. Aber so mancher treuer Kamerad blieb für immer im Feindesland.

1. November. Frühmorgens ging es wieder zurück in die alte Stellung. Vom Essen war keine Rede. Wir hatten auch keine Zeit dafür, denn wir wurden gleich wieder beschossen. Den ganzen Tag dauerten die Kampfhandlungen an. In der Nacht wurde es immer ärger. Es war ein schreckliches Gemetzel und unter großen blutigen Opfern konnten wir Paroli bieten, um nicht geworfen zu werden.

2. November. Mit der gleichen Schärfe ging es noch immer fort. Total kaputt und tropfnass mussten wir in unserer Stellung bleiben. Jede Kugel, jeder Beschuss des Feindes wurde von uns mit gleichem vergolten. Gegen Mittag zog sich das feindliche Gewehrfeuer mehr gegen den rechten Flügel. Danach hatten wir viele Verwundete in unseren Reihen. Ein ganz verwegener Feind schlich sich ganz nahe an unsere Deckung heran. Jedoch ich und mein Kamerad neben mir hatten noch ganz gute Augen trotz unserer großen Müdigkeit. Und auch unsere Gewehre waren gut. So ging es den ganzen Tag hin und her. Am Abend wurden wir endlich wieder abgelöst. Auf dem Rückweg ins geschützte Lager wurde auch ich verwundet, aber ohne Feindeshand. Ich rutschte in der Dunkelheit recht unglücklich aus und fiel von einem Hang auf die Straße hinab. Dabei zerschlug ich mir das Gesicht und eine Hand. Es schmerzte sehr.

3. November. In der Frühe mussten wir erst die Küche suchen, wenn wir etwas zu beißen haben wollten. Sie war sehr weit hinter den Linien, weit hinten in Dobrun. Es gab nur wenig zu essen und überhaupt nichts zu rauchen. Am Nachmittag wurden Konserven als eiserne Ration ausgeteilt und viele hungrige Soldaten mussten erst angebunden werden, bis sie wieder vernünftig wurden. Sonst hätten sie ihre Rationen gleich aufgegessen.

4. November. In der Frühe wurde ich auf Patrouille geschickt, was sehr anstrengend und gefährlich war. Wir wurden arg beschossen und

mussten im Laufschritt zurück und in Deckung gehen. Abends kamen wir zurück ins Lager, todmüde und fast ausgehungert, aber es gab kein Fleisch, nur ein wenig dünne Suppe und für jeden fünf Zigaretten. Und der nötige Schlaf wurde uns auch nicht gegönnt. Um acht Uhr ging es wieder zurück in die Stellung. Die Nacht verbrachte ich bei grimmiger Kälte und im größten Gewehrfeuer.

5. November. Am Morgen kamen Bosniaken auf unseren Posten. Wir Soldaten, die die ganze Nacht durchgehalten und überlebt haben, ruhten bei Tage, so gut es bei diesen Gegebenheiten überhaupt möglich war, und bei der Nacht mussten wir beim größten Feuer eine Deckung mit Drahtverhau bauen. Die feindlichen Kugeln schwirrten uns nur so um die Köpfe. Wir konnten von Glück reden, dass wir nicht getroffen wurden.

6. November. Bei dem Sturz vor ein paar Tagen hatte ich mir einen schlimmen Daumen zugezogen. Er war ganz blau und geschwollen, ich konnte ihn kaum mehr bewegen. Deshalb ging ich zur Marodenvisite, um ihn untersuchen zu lassen. Auch hoffte ich, vielleicht für ein paar Tage krankgeschrieben zu werden und von der mörderischen Front wegzukommen. Aber die Ärzte spielten da leider nicht mit. Sie sahen sich meinen Daumen an, befingerten ihn, drehten an ihm herum, dass der Schmerz mir Tränen in die Augen trieb, dann wurde er einfach verbunden und ich war wieder diensttauglich. Eine Schande ist das, wie man da behandelt wird! Und das wollen Ärzte sein! Am Abend wurden viele meiner Kameraden mit Schrapnells abgeschossen, ich hatte wieder ein Riesenglück. Dann kam wieder ein starker Regen auf. Ich befand mich aber in einer geschützten Deckung. Sogar einen Tisch hatte ich.

7. November. Ich stand wieder auf Posten. Von Schlafen war schon seit sechs Tagen keine Rede mehr. Bei Tag konnten wir fast nicht mehr arbeiten. Bei der Nacht lagen wir im Schützengraben, und wenn einer schlief, wurde er von einem Chargen mit dem Stock bearbeitet. Miserable Menage, kein Tabak, es geht fast nicht mehr. Gegen Abend entfachte unsere Artillerie ein heftiges Feuer. Das war ein Geknatter, ein Lärm und ein Gestank, fast nicht auszuhalten. Abends mussten wir auch wieder vor

die Front, wo wir dann zwischen den Feuern lagen. Bei der Nacht wurden wir aber wieder abgelöst. Die Nacht war furchtbar kalt und ich ganz durchgefroren.

8. November. Und wieder wurde ich auf ein Himmelfahrtskommando geschickt. Mit ein paar Kameraden zusammen erhielt ich den Befehl, die Front abzugehen und Patronen einzusammeln. Die Kugeln von beiden Seiten pfiffen uns dabei nur so um die Köpfe. Um zehn Uhr wurden wir endlich von den Ungarn abgelöst. Unser Bataillon zog sich geschlossen zurück. Gegen Abend hatten wir in einer dunklen Schlucht ein wenig Menage, um den allergrößten Hunger zu stillen. Die Nacht verbrachten wir in Zuschenhütten, aber auch da war es noch kalt genug.

9. November. Wir begaben uns noch vor Tagesanbruch in ein Versteck, wo wir die Gewehre putzten und die zerrissenen Monturen richteten. Zu Mittag rauchten wir bei der Menage, um dadurch den großen Hunger ein wenig zu unterdrücken. Ich erhielt Post von Zuhause, was mich sehr freute und mich wieder ein bisschen aufrichtete. Auch waren zehn Mark in dem Brief. Am Nachmittag gingen wir in den Wald, Holzpflöcke holen. Das war vielleicht ein Rummel. Der ganze Wald war besetzt von unseren Leuten. Wohin man auch ging, andauernd traf man mit anderen Soldaten zusammen. Die Nacht war diesmal nicht so schlimm, was aber auch keinen Trost brachte.

10. November. Früh ging es wieder in den nahen Wald, ein jeder von uns hatte den Befehl, eine Kiefer zu holen. Hunger hatten wir, dass der Magen knurrte und wir Bauchschmerzen davon hatten. Um uns etwas abzulenken, rauchten wir Nussbaumlaub. So manchem von uns wurde das wenige Brot auch noch gestohlen. Am Abend, als wir gerade am Einschlafen waren, kam auf einmal der Befehl „2. Zug, auf, alles zusammenpacken“, und wir mussten wieder vorgehen. Die ganze Nacht lagen wir in Schwarmlinien, bis der Feind eine neue Stellung bezogen hatte.

11. November. Schon früh zogen wir uns in die Deckung zurück und ließen die Kugeln über die Köpfe pfeifen. Einer von uns blieb aber immer am Posten. Am Nachmittag entwickelte sich an unserem linken Flügel

ein lebhaftes Gefecht. Das war ein Lärm, nicht auszuhalten. Und dazu die ständige Angst, dass der Feind auf einmal zu uns herein schießen könnte. Unsere Artillerie griff tapfer mit ein und blieb dem Feind nichts schuldig. Den ganzen Tag waren wir dicht dabei. Bei Nacht im Regen und Schnee wurden wir dann endlich abgelöst.

12. November. Wir mussten wieder unsere Monturen und Ausrüstungen ausbessern. Unsere Artillerie machte dazu ein schreckliches Feuer. Ich lag eine lange Zeit vor der Hütte und hatte wieder bange Gedanken. Ob ich dieses Gefecht überleben würde? Sah ich meine Lieben in der Heimat wieder? Oder kam hier mein unwiderrufliches Ende? Das Ärgste aber war momentan der Hunger. Nichts als leere Suppe bekamen wir zu essen, und davon soll man zu Kräften kommen! Abends fanden wir ein totes Pferd, da wurde gerauft und das Tier mit dem Bajonett tranchiert, danach im offenen Feuer gebraten. Zunächst sträubte ich mich noch dagegen, das Fleisch zu essen, aber es war erstaunlicherweise sehr schmackhaft. Das Essen war ein wahrer Kirchtag für uns und ich aß, bis ich fast zerplatzte. Bei der Nacht ging es im Lager wie ein Lauffeuer herum: Der Feind musste weichen. Und wir alle schöpften wieder etwas Hoffnung.

13. November. Noch in der Dunkelheit marschierten wir dem Feind nach, etwa eine Stunde lang, immer die Deckung suchend. Es konnte ja sein, dass er plötzlich wieder angriff. Wir waren wieder Reserve. Vor uns tobte der Kampf so heftig, dass die Luft bebte, die Bäume zitterten und ich immer wieder unwillkürlich meinen Kopf einzog. Dann lagen wir in einem Tal in banger Erwartung und warteten auf weitere Befehle von der Front. Um 3 Uhr marschierten wir weiter, wieder auf den hohen Berg hinauf, von dem wir vor einigen Tagen unseren Rückzug machten. Es war sehr anstrengend, wir wurden getrieben, schwitzten und es war sehr kalt. Die ganze Nacht hatten wir keine Ruhe, mussten wir in Schwarmlinien verbringen.

14. November. Im Schutze der Dunkelheit gingen wir in der Frühe weiter vor, dem Feinde nach. Der Artilleriekampf dauerte unvermindert heftig an. Wir marschierten immer flotter, blieben dem Feind dicht auf den Fersen, ohne ihn jedoch zu Gesicht zu bekommen. Das Beste, was uns

an diesem Tag widerfuhr und worüber wir in Freudenschreie ausbrachen, war der viele Speck und das Fett, welches wir in den Tschuschenhütten fanden. Zu unserem vollkommenen Glück hätte nur noch Brot gefehlt, aber man kann nicht alles haben. Um 12 Uhr mittags rasteten wir in einer Gebirgsschlucht, danach ging es weiter bergauf und bergab bis gegen 6 Uhr abends. An unserem neuen Rastplatz stellten wir Feldwachen auf. Vom Feind war immer noch keine Spur weit und breit.

15. November. Zum Frühstück gab es einen ganz elenden Kaffee, wäre es nicht heiß gewesen, hätte ich es gleich weggeschüttet. Dann war wieder Antreten und Konservenkontrolle. Es war wieder ein furchtbares Spektakel. Viele Soldaten wurden wieder an Bäume gebunden und drangsaliert zur Strafe, weil sie ihre Konserven schon aufgegessen hatten. Um 12 Uhr war der Befehl, dass wir zurückgehen, als Brigadereserve, denn unser Bataillon war für eine Auseinandersetzung mit dem Feind zahlenmäßig zu schwach. Insgesamt hatten wir schon wieder 28 Tote, 45 Verwundete und 32 Vermisste zu beklagen. Um 1 Uhr marschierten wir zur Brigade zurück. Ich musste gleich wieder auf Posten stehen auf der Feldwache, obwohl ich so großen Hunger hatte, dass ich fast nicht mehr denken konnte. Die Nacht war wieder sehr schlimm und sehr kalt, außerdem mussten wir marschbereit bleiben.

16. November. In der Frühe lag das erste Mal der Reif auf uns. Ich war ganz marod von dem rohen Pferdefleisch, das ich in den letzten Tagen gegessen hatte. Wenn ich das noch ein paar Tage essen muss, muss ich mich übergeben. In den Tschuschenhütten erwischten wir wieder etwas Essbares, doch wieder kein Brot, schon tagelang nicht mehr. Immer nur wird gefastet und nichts gegessen als das, was wir zufällig erwischten.

17. November. Als wir aufwachten, war das ganze Lager verschneit. Wir wurden sofort marschbereit versetzt und um 12 Uhr marschierten wir wieder zwölf Kilometer weit weiter vor. Wir kamen dort in Tschuschenhütten halb erfroren an. Es ist unglaublich, was der Mensch alles aushalten muss und kann.

18. November. Am Morgen hockte ich in einer elenden Strohbude und war ganz verdrossen. Mich freute nichts mehr, ich dachte sogar daran, mit dem ganzen Elend ein für alle Mal Schluss zu machen. Aber dann dachte ich wieder an daheim, an meine Familie und mein Liebchen, und dass ich sie noch einmal wiedersehen möchte. Ich sprach mit niemandem ein Wort, schrieb mein Tagebuch und begann einen Brief. Am Nachmittag stand ich wieder auf Posten und fror jämmerlich. Einen Husten habe ich auch schon bekommen.

19. November. Heute passierte das Unglaublichste, was es überhaupt geben konnte. Wenn ich das jemand erzähle, wird er mir nicht glauben und mich für verrückt halten. Wir standen bis über die Knie im Schnee und mussten exerzieren, nur weil es der verrückte Major so wollte. Meine Kameraden und ich waren alle so kaputt, dass wir kaum noch aufrecht stehen konnten, und konnten vor lauter Hunger fast nicht mehr denken, trotzdem mussten wir Gewehrübungen machen, Defilieren und uns in den Schnee werfen, über eine Stunde lang. So was gibt es nur im Felde bei ausgehungerten Kriegern! Die Maroden wurden angebunden, damit sie vor Schwäche und Hunger nicht umfielen. Und am Berge vor uns tobte der Artilleriekampf. Da lässt sich nur sagen: Lieb Vaterland, magst ruhig sein!
Gott möge uns bald Frieden senden, denn so kann es nicht mehr weitergehen. Bei Nacht durfte ich wieder nicht schlafen, hatte ich Feldwache, wo ich erbärmlich fror. Die ganze Zeit klapperte ich mit den Zähnen.

20. November. Den ganzen Tag mussten wir exerzieren, viele tapfere Soldaten sanken erschöpft zu Boden. In den viel zu kurzen Pausen wurde Kukuruz gestohlen und gebraten. Die Offiziere waren schrecklich grob, sie behandelten uns, als wären wir die Feinde. Außerdem waren wir alle schrecklich verlaust und konnten nichts dagegen tun. Herr im Himmel, hilf!

21. November. Sonntag. Heute war Waschen und Putzen angesagt, was wir auch gründlich nötig hatten. Außerdem war Lausen, was ebenfalls eine richtige Wohltat war. Ansonsten durften wir uns ausruhen, was ich trotz der beißenden Kälte mit einem Schläfchen ausnützte.

22. November. Heute wurden wir wieder schrecklich schikaniert wegen schlechter Reinigung. Wir mussten alles noch einmal machen und wurden dabei beschimpft und beleidigt. Außerdem musste ich den ganzen Tag marschbereit bleiben wegen meiner langen Haare und meinem Stoppelbart. Aber wann hätte ich auch meine Haare schneiden lassen sollen und mich rasieren?

23. November. Um 3 Uhr in der Frühe hatte ich Tagwache. Danach alles Packen und Abmarschieren. Um 10 Uhr kamen wir nach Burvac fast an der Grenze. Wohin ich auch sah, alles war total demoliert und niedergebrannt. Wir machten es uns so gemütlich wie wir nur konnten und holten uns von serbischen Hütten Heu für unser Lager. Zum Essen gab es nichts mehr, nur täglich warmes Wasser, was die Offiziere eine Suppe nannten. Es geht einfach nicht mehr! Unmöglich! Das ist das Ende! Wir schauten alle elendig aus, fast nicht wiederzuerkennen, abgemagert fast bis auf die Knochen, kaputt, übermüdet. Und mit uns will man noch einen Krieg gewinnen?

24. November. Zeitig standen wir armen Seelen auf, um zu exerzieren. Die Chargen brüllten sich die Lungen aus dem Leib, mir war das egal geworden. Ich machte alles nur noch automatisch mit, wusste gar nicht mehr, was ich tat. Um 9 Uhr Abrücken und Holzfällen gehen zum Eindecken eines Pferdeschuppens. Das war auch sehr anstrengend.

25. November. Bis 9 Uhr Kompanieexerzieren, dann wieder Eichenstämme heben und vom Berg ins Tal hinabschleppen. Nachmittag war allgemeines Reinigen, weil uns die Läuse schon in die Augen krochen.

26. November. Wieder exerzieren. Aber heute hatten wir ein bisschen mehr Freude als sonst. Denn es stand im Befehl, wir haben 17000 Serben gefangen und Amerika soll ein Friedensultimatum gestellt haben.
Ich habe Grundfeste gemauert. Die Menage ist schon ganz gar. Aber ein Kamerad und ich hatten ein Riesenglück. Wir erwischten wieder eine große schöne Portion Fleisch von einem verendeten Pferd, welches wir roh verschlangen. Dann dankten wir Gott dafür, denn unser Hunger war gestillt.

27. November. Was machen wir heute? Natürlich Kompanieexerzieren, was denn sonst. Das soll doch der Teufel holen! Die Offiziere sind schrecklich streng und saugrob und lassen nichts durchgehen und die Chargen sind furchtbar dumm. Am liebsten würde ich mich in den Dreck legen und nicht mehr aufstehen, so kaputt bin ich. Außerdem gab es eine Nachtübung, bei der ich aber Brückenwache hatte. Und auch bei der Nacht fror ich sehr, dass es nicht zum Aushalten war.

28. November. In aller Frühe hatte unsere Kompanie so großen Hunger, dass es schmerzte. In der Schlächterei in dem Ort wurde in einem dreckigen Kübel stinkendes Blut von Ziegen und Schafen geholt und dann ein toter Wolf gekocht. Wir hatten nicht einmal Salz, aber nach anfänglichem Zögern musste ich gestehen, dass es sehr wohlschmeckend war. Was man nicht alles essen kann, wenn man am Verhungern ist! Auch hatten wir eine Feldmesse, in der ich Gott dankte, dass ich noch lebte und um baldigen Frieden bat. Danach holten wir aus dem Gebirge ein Rudel Gefangene.

29. November. In einer schrecklichen Kälte, die mir fast meine Nase abfror, mussten wir wieder exerzieren. Ich konnte mich gar nicht so schnell bewegen, dass ich dabei etwas warm wurde. Auch so war es keine Freude, die Launen der Offiziere und der Chargen zu ertragen. Ein Achtel Brot für jeden Mann war unsere ganze Nahrung, die wir am Tag erhielten. Ein Tropfen auf dem heißen Stein. Am Abend hielt ich es einfach nicht mehr aus vor Hunger und kaufte bei einer ungarischen Sanitätsabteilung, die ebenfalls hier im Ort lagerte, einen Wecken und Brot um acht Kronen und aß alles gleich zusammen. Das kann man einen richtigen Hunger nennen!

30. November. In der Nacht marschierten wir ab. Irgendwann machten wir Halt auf einem Feld, um etwas zu rasten. Noch ein Stückchen weiter, dann wurden wir halberfroren über den Fluss Libic geschifft, auf Flößen das ganze Bataillon. Um 4 Uhr früh ging es auf der anderen Seite weiter. Wir mussten unerhört scharf marschieren, schrecklich schwer tragen und stets bergauf. Viele Kameraden klappten dabei zusammen, wurden hochgetrieben mit Stockschlägen Beine gemacht. Dies ging den lieben

langen Tag so, es war fast nicht mehr auszuhalten und eine unmenschliche Tortur. Erst um 12 Uhr nachts erreichten wir Golica, hatten den Gewaltmarsch durch keine Rast unterbrochen. Ich ließ mich sofort auf den Boden sinken und schlief gleich vor Erschöpfung ein. Bis morgens um 5 Uhr wurde uns eine Rast gegönnt.

1. Dezember. Hatte ich noch geglaubt, dass es keine Steigerung mehr an Strapazen gibt, so hatte ich mich bitter getäuscht. Der verrückte Major und seine Gesellen wurden noch wilder, ich glaubte schon, sie wollten uns alle umbringen. Ein schrecklicher Berg musste erstiegen werden. Immer höher auf allen Vieren krochen wir wie Tiere. Um 10 Uhr waren wir erst etwa die Hälfte oben, die andere Hälfte blieb irgendwo unterwegs kaputt liegen. Manche kamen allmählich langsam nach, viele aber nicht mehr. Es ging einfach nicht mehr, unmöglich. Alles schrie vor Hunger und Schmerzen. Wäre jetzt der Feind überraschend aufgetaucht, er hätte gar nicht mehr zu schießen brauchen. Aber der verrückte Major brüllte Marsch und schlug mit wilden Flüchen und Beleidigungen auf die armen Landstürmler ein.
Ich war furchtbar kaputt, aber doch noch bei den ersten oben. Man gönnte uns nur eine kurze Rast, dann ging es schon wieder weiter über Berg und Tal und durch Sümpfe. Es war grässlich. Vor Müdigkeit blieben viele tapfere Kameraden wieder weit zurück. Ich wollte mich auch schon einfach auf die Erde werfen und liegen bleiben, mir war schon alles egal, aber dann dachte ich wieder, nein, das darf nicht sein. Denn die Chargen kamen immer wieder mit ihren Stöcken und ich wollte mich nicht prügeln lassen.
Abends kamen wir nach Plavola. Auf einer Wiese sammelte sich unser weit auseinandergerissenes Bataillon. Wir machten Feuer im Schnee und hockten uns dazu, um uns ein wenig aufzuwärmen. Endlich gab der Major den Befehl, eine Fleischkonserve zu essen. Doch leider, viele hatten keine mehr, und das gab wieder Ärger. Die Küche sah man schon tagelang nicht mehr, ja nicht einmal eine Straße. Man konnte glauben, wir wären von der Welt abgeschnitten.
Was wir an diesem Tag da alles ausstanden, war unbeschreiblich, lässt sich auch nicht schildern. Ich würde es nicht einmal dem Feind wünschen. Abends tat ich mich mit ein paar Kameraden zusammen, wir legten unser

bisschen Geld in ein Säckel und kauften uns ein Schaf bei einem Bauern. Das war eine Pracht! Acht Mann und noch einmal zehn Stunden warten, dann konnte unser großer Hunger endlich gestillt werden. Es blieb sogar noch etwas übrig, was wir in unseren Tornistern verstauten.

2. Dezember. Früh am Morgen in der Finsternis war Abmarsch, um acht Uhr kam man endlich auf eine Straße. Dort sammelten wir uns und es wurden grüne Abzeichen auf unsere Mützen gesteckt. Das dauerte dem Major alles viel zu lange, weshalb wir seine Launen ertragen mussten. Erst um 1 Uhr ging es weiter. In Schwarmlinien mussten wir vorgehen, weil sich voraus ein Gefecht entwickelte. Mit Hurra wurde der Berg erstürmt, die Kugeln hörten wir dabei nicht mehr. Fluchtartig zog sich der Feind zurück, aber auch wir mussten ein paar Kameraden beerdigen, weil sie erlöst waren.
Wir zogen uns wieder zurück und machten Freilager. Wasser floss uns aus den Schuhen, die sich bei dem Sturm mit Schnee gefüllt hatten. Vom Essen war natürlich keine Spur. Wir haben schon seit fünf Tagen nichts mehr bekommen außer dem, was wir uns selber holen. Das ist schon ein schrecklicher Jammer. Da will man mit uns einen Krieg gewinnen, aber zum Beißen bekommen wir nichts!

3. Dezember. In der Früh wurde vorgegangen gegen die Stadt Neivele. Um 12 Uhr Mittag waren wir dort ohne Verluste. Es wäre so manches zu kaufen gewesen, war aber strengstens verboten. Die Stadt war schön, eben und fruchtbar. Sie ist schön in die Landschaft Serbiens eingebettet. Im vorigen Krieg wurde sie von den Türken erobert und von den unseren wieder befreit. Doch jetzt ist sie kaputt und zerrissen, genauso wie wir Soldaten. Auch kam die Küche endlich wieder, welch ein Glück!

4. Dezember. Heute ging wieder die allgemeine Reinigung los, Gewehre, Montur, die Zimmer, in denen wir untergebracht waren und der Hof. Ein Oberstleutnant unseres Bataillons war auch gefallen und in unser Haus gebracht worden. Den Tag zuvor hörte ich ihn noch schrecklich brüllen.
Es wäre verschiedenes ganz dringend zu kaufen, aber alles war schrecklich teuer. Um 1 Uhr Mittag war auf einmal Alarm. Sofort hieß es alles

packen und rasch vor die Stadt auf einen hohen Berg marschiert, als Besatzung, weil sich ein Gefecht entwickelte. Unser Bataillon war Reserve. Außerdem hatte ich etwas Glück, denn ich war als Ordonnanz beim Herrn Oberleutnant eingeteilt.

5. Dezember. Sonntag. Am Morgen musste ich zum Rapport zum Herrn Major. Lange irrte ich im Nebel herum, bis ich ihn endlich fand. Er war nicht zu überhören. Nach dem vielen Regen und den ungemütlichen kalten Schneestürmen wurde es endlich wieder einmal ein sehr schöner Tag. Trotzdem war es sehr kalt. Auch das Feuer blieb ruhig. Abends gingen wir besser ins Tal, ich blieb beim Herrn Oberst. In Gemeinschaft kauften wir uns ein Schaf und eine Ziege, das war wieder eine prächtige Angelegenheit. Denn Brot gab es schon über drei Tage nicht mehr.

6. Dezember. Früh wurden wir marschbereit versetzt. Das Gewehrfeuer vor uns wurde immer heftiger, abends mussten wir in Schwarmlinien den rechten Brückenkopf besetzen. Die Nacht war schrecklich lang. Wir mussten die ganze Nacht wach bleiben und beobachten.

7. Dezember. In der Früh wurden Posten aufgestellt, die anderen Soldaten mussten in den gefrorenen Boden Deckungen graben. Ich hatte glücklicherweise frei, weil ich Posten aufführte. Geschossen wurde wenig, unser Flügel war überhaupt ruhig. Trotzdem blieb in uns allen die Angst vor einem plötzlichen feindlichen Überfall.

8. Dezember. Unsere Artillerie griff ein und beschoss den Feind. Es war am Fest Maria Empfängnis. Wir machten uns bessere Deckungen und waren die ganze Zeit nervös und gereizt. Den ganzen langen Tag war mir sehr bange und die meiste Zeit dachte ich an die liebe Heimat. Außerdem dankte ich Gott im Himmel, dass er seine beschützende Hand über mich gehalten hatte.

9. Dezember. Schwer arbeiten und Hunger leiden war die heutige Parole. Den ganzen Tag waren wir damit beschäftigt, Laufgraben zu bauen, tief genug, um uns in gebückter Haltung bewegen zu können. Es ging sehr

schlecht, denn der Boden war hart gefroren. Auch wurde gewaschen, gelaust und so weiter. Heißes oder warmes Wasser war Mangelware. In der Nacht war es wieder sehr kalt und ich fror jämmerlich. Feuer durften wir aber keines machen.
10. Dezember. Es ging ein sehr kalter Winterwind, der mir die Tränen in die Augen trieb und mein Gesicht schmerzen ließ. Zum Arbeiten waren wir alle schon viel zu müde, denn der Magen war leer und die Knochen steifgefroren. Bei Nacht stand ich ein paar Stunden lang auf Posten, danach kochte ich mir einen Schafskopf, den ich vor einigen Tagen erwischte und ich die ganze Zeit über bei meinen Sachen versteckt hatte. Ich wurde zwar nicht satt davon, aber wenigstens konnte ich das größte Magenknurren damit abstellen.

11. Dezember. Endlich wurde unser Bataillon abgelöst. Wir marschierten ein paar Kilometer zurück, von der Front weg. In der Nähe eines Waldes in einer Senke schlugen wir unsere Zelte auf und machten Lager. Ich war zwar ein wenig erleichtert, aber mir war immer noch bange. Die Front war schließlich immer noch nah.

12. Dezember. Allgemeine Reinigung wurde befohlen. Das hatten wir auch bitter nötig. Am Nachmittag hatte ich Lagerwache. Das war auch sehr unangenehm, denn der kalte Wind pfiff mir um die Ohren und ich fror. Bei der Nacht stand ich noch einmal auf Posten bei einem Türkenfriedhof. In der Dunkelheit dort zu stehen ist auch nicht schön.

13. Dezember. Wir waren schon wieder marschbereit, kamen einfach nicht zur Ruhe. Weil unser Bataillon schon sehr schwach war, sollten wir zurückgehen und wieder verstärkt werden. An der Front tobte ein heftiger Kampf und die Offiziere rannten aufgeregt herum. Stundenlang warteten wir auf den Abmarsch. Auch wurden 160 Stück Decken bei uns abgegeben, die uns helfen sollten, die grimmige Kälte besser zu ertragen.

14. Dezember. Als wir am Morgen aus unseren Zelten krochen, waren wir alle in Schnee gehüllt, mussten wir uns erst freischaufeln und freistampfen. Um acht Uhr war Abmarsch, ohne etwas gegessen zu haben.

Unterwegs hielten wir an, um uns zu sammeln, denn viele müde Kameraden hingen wieder zurück. Der Major war deswegen sehr zornig und brüllte die ganze Zeit wie verrückt. Kein Feind war mehr weit und breit sichtbar. Es wurde weiter marschiert in Topfen (Matsch) und Schnee. Um 8 Uhr abends kamen wir nach Bulevic. In einer zertrümmerten Kaserne wurde übernachtet. Es war so eng, dass wir uns fast nicht bewegen konnten, einer lag am anderen dicht gepresst.

15. Dezember. Zum Frühstück gab es ein wenig dünnen Kaffee, sonst nichts. Obwohl noch etwas Brot vorhanden, wurde es gespart. Somit ging es weiter. Alles voll Schrullen. Um die Mittagsstunde war Rast an der Militärstation Metalca, danach ging es weiter bis nach Zenica. Das war zwar ein sehr hübsches Städtchen, aber leider nichts zu haben.

16. Dezember. Um sieben Uhr marschierten wir ab, schrecklich scharf und durch den größten Dreck. Der verrückte Major war wieder saugrob und trieb uns fürchterlich an. Zu Mittag kamen wir ganz marod nach Horrasta. Der Ort liegt an der Trna und war ebenfalls stark demoliert. Wir fanden aber trotzdem Quartiere, wo wir übernachten konnten.

17. Dezember. Heute passierte wieder etwas Unglaubliches, was die Welt wohl nie sah und nie erfahren hatte. Wir waren von den vielen Strapazen ganz kaputt, voller Ungeziefer und zerrissen, dazu nichts im Magen. Trotzdem mussten wir im beißenden Schneesturm stundenlang Salutierübungen machen, bis die ersten tapferen Männer nicht mehr konnten und einfach umfielen. Dazu das wilde Geschrei der Offiziere, das ich nicht vergessen werde. Danach war Impfung auf der linken Brustseite, gegen was, wurde uns aber nicht gesagt. Anschließend war allgemeines Gewehrputzen und Kontrolle, Visite, bei der wir alle ohne Ausnahme für gesund und tauglich befunden wurden. Am Abend war dann Befehlsempfang und Rapport.

18. Dezember. Wieder Abmarsch und immer bergauf. Gegen 11 Uhr kamen wir oben auf dem Berg an, dann wurden wir in Tschuschenhütten einquartiert. Ich war den ganzen Tag Ordonnanz beim Herrn Oberst.

Die Nacht war schlecht und der Magen leer. Es war fast nicht mehr auszuhalten.

19. Dezember. In aller Herrgottsfrühe war schon wieder Abmarsch nach Praca. Der Marsch war sehr scharf, aber nicht so sehr vom Tempo, sondern wegen dem tiefen Schnee, durch den wir stampfen mussten. Unsere Schuhe waren nur noch lauter Fetzen. Der verrückte Major machte wieder einen schrecklichen Spektakel, weil wir ihm nicht schnell genug vorwärts kamen. Der Mann bleibt uns allen lebenslang im Gedächtnis. Schon acht Tage haben wir kein Brot mehr bekommen und morgen soll es gleich noch einmal 30 Kilometer weiter gehen. Der Jammer und der Hunger, den wir erleiden müssen, ist unbeschreiblich. Wenn nur endlich bald der Frieden kommen würde!

20. Dezember. In der Früh Abmarsch nach Pale. Es war ein schreckliches Donnerwetter, das die Offiziere über uns entluden, außerdem war alles voller Dreck und die meisten von uns ganz kaputt. Ich glaubte auch nicht, dass ich den Abend noch einmal überleben würde.

21. Dezember. In der Früh Abmarsch nach Sarajevo. Die Stadt lag etwa 20 Kilometer weit entfernt. Meine armen Füße waren wieder ganz wund und offen, Blut schwamm in meinen zerschlissenen Schuhen. Aber darauf wurde keine Rücksicht genommen, unerbittlich wurden wir vorwärtsgetrieben, wir marschierten schrecklich schnell. Ich biss mir die Unterlippe blutig, um die Schmerzen zu ertragen. Um 1 Uhr kamen wir dann endlich in Sarajevo an. Wir durften aber nicht in die Stadt hinein, weil wir voll Ungeziefer waren und wir so ein schlechtes Bild unseres Bataillons abgegeben hätten. So wurden wir zunächst in staatlichen Barackenlagern einquartiert. Als Menage bekamen wir nur rohe Bohnen. Abends dann, nachdem ich sauber und gewaschen war, ging ich in die Stadt einkaufen. Es war aber alles schrecklich teuer.

22. Dezember. In der Früh erhielten wir gleich als erstes den Befehl, Gewehr zu putzen, dann entlausen, schließlich Marschausrüstung auf Vordermann bringen, denn es sollte schon bald wieder fortgehen. Unsere Monturen wurden in neue ausgetauscht, und auch die ganze Ausrüstung

wurde frisch gefasst. Das war ein schrecklicher Rummel und ein großes Durcheinander, bis alle zu ihren Sachen gekommen waren.

23. Dezember. Und schon wieder ging es ins Feld, kaum, dass wir neue Ausrüstungen bekommen hatten. Um 4 Uhr in der Nacht war schon wieder Abmarsch am Bahnhof. Wir bestiegen Eisenbahnwaggons und warteten geduldig bis 9 Uhr. Dann ging es fort in aller Stille, gerade einen Tag vor dem Weihnachtsfest. Gott weiß, wohin wir diesmal verschlagen werden. Es war schrecklich kalt und zugig in unserem Waggon.

24. Dezember. Um 7 Uhr früh, durchgeschüttelt und durchgefroren, ganz steif kamen wir in Mostar in Herzegowina an. Auf der einen Seite waren größere Stationen wie Runac, Cistianisca. Der Fluss in der Nähe hieß Marento. Auch die Art der Häuser haben sich verändert, es sind keine Steinbauten mehr. Dann Surramabica, Sablina. Ein hübsches Mädchen fiel uns auf, dann ein prächtiges Felsgebirge. Dann Gabelta, Tunnels, Dubravica, wieder Tunnels, Panels. Alles voll Schluchten. Raslov, Reno, Jasemica, Urcobie. In Kruce stiegen wir endlich aus. Die Adria war nicht mehr weit, aber wir waren noch nicht an unserem Zelt.
Nun ging es um 8 Uhr abends in einem schrecklichen Marsch in eine Felsengegend mit ganzer Rüstung bergauf. Um 2 Uhr in der Nacht machten wir wieder in einer Ortschaft halt. Es war wenig Platz, um sich niederzulassen. Hundemüde rastete ich auf einer Stiege bis zum Morgen des heiligen Weihnachtstages. So verbrachten wir den Tag Jesu Geburt.

25. Dezember. In der Früh bin ich ein wenig in die Kirche, um zu beten. Ich dankte Gott, dass ich noch lebte und dachte an den heutigen Tag. Es war viel Militär anwesend, aber auch Zivilvolk. Das einzige, was die stille Andacht störte, war draußen die viele Artillerie, die schrecklich oft vorbeimarschierte. Zum Essen gab es wie so oft nichts, erst am Abend gab es etwas Menage. Außerdem erhielt jeder Soldat acht Stück Zigaretten zum Christkind. Das waren schöne Weihnachten...

26. Dezember. Stefanitag. Viele waren marod, auch ich. Wir hatten wohl alle die ganze Nacht an die Heimat gedacht, wie die Familien zu Hause ihr Weihnachtsfest begehen, und waren ganz traurig, dass wir nicht bei

ihnen sein konnten. Um 10 Uhr war wieder einmal impfen, wieder auf der linken Brustseite, war auch schon zu blöd.

27. Dezember. Den ganzen Tag wurden wir beschäftigt mit Gewehrputzen, Munition putzen, Monturen waschen, Antreten und Marschierübungen. Außerdem war auch wieder Exerzieren und Dressieren. Am Abend hatte ich dann Bereitschaft.

28. Dezember. Es war wieder Inspektion, es war unglaublich, wie die Offiziere wieder mit uns umsprangen. Dann bummelten wir einen halben Tag herum mit ganzer Ausrüstung, schließlich mussten wir Schwarmlinien machen. Dabei drangsalierte uns ein Offizier, dass es ein Graus war. Du armer Soldat! Wie weit ist es schon mit dir gekommen! Der Ort, in dem wir uns aufhielten, hieß Branice.

29. Dezember. Ich war marodisiert. Ich meldete mich bei unserem Feldarzt und bekam dienstfrei. Ich hatte den ganzen Tag furchtbare Magenschmerzen und sah schon erbärmlich aus.

30. Dezember. Vor lauter Hunger habe ich schon begonnen, Läuse zu fangen und zu vertilgen. In der Stadt Kruszta holten wir Holz, auch bekamen wir dort etwas zu kaufen. Aber auch hier war alles furchtbar teuer.

31. Dezember. Jahresabschluss. Dies war auch wieder so ein schrecklicher Tag, über den man einen ganzen Roman schreiben kann. Um 8 Uhr morgens war Belehrung, hernach Abmarsch. Wir wurden von dem verrückten Major und den anderen Offizieren wieder furchtbar angetrieben, und wehe, es blieb wieder einer zurück! Am Fuße eines hohen Berges machten wir wieder Schwarmlinien, dann mussten wir ihn auch noch stürmen. Es kam fast unbegehbares Gestein und Geröll, auf dem wir immer wieder ausrutschten. Stellenweise gingen wir sogar auf allen Vieren vorwärts. Am schlimmsten war dabei ein verrücktes Schulmeisterlein, das bis 12 Uhr Mittag uns andauernd vorwärtstrieb. Kaum waren wir total kaputt oben auf dem Berg, als es schrecklich zu regnen begann. Und nun hieß es wieder zurück zum Ersaufen. Total durchnässt kamen

wir zurück zum Ausgangspunkt und ins Lager. Während die Kameraden sich dann von den Strapazen erholen durften, hatte ich am Abend wieder Bereitschaftsdienst.

1916

1. Januar. Ich bete darum, dass das neue Jahr besser wird als das vergangene und dass es einen baldigen Frieden bringen möge. Denn so kann es doch nicht weitergehen! Ich ging in die Kirche, am Nachmittag hatte ich Ausgang. Ich war noch ganz marod vom gestrigen Tag. Ich ging spazieren und schrieb in mein Tagebuch.

2. Januar. In der Früh war ich bei der Marodenvisite und bekam einen Fasttag verordnet. Vor lauter Magenschmerzen konnte ich ohnehin nichts essen. Wenn man sich das nur mal vorstellt: die ganze Zeit bekommt man nichts zu beißen, dann muss man auch noch fasten. Das darf man auch nicht erzählen. Auch war schon wieder eine Impfung.

3. Januar. Um 4 Uhr in der Nacht hatte ich Tageswache, dann war allgemeines Antreten. Der halbverrückte Major hielt eine Ansprache an uns und verkündete, dass er sich zurückzog und wir stattdessen einen Hauptmann als Kommandanten bekamen. Für mich war es eine große Freude, dass ich unter diesem Mann nicht mehr zu kuschen brauchte und ich hoffte, dass der Neue nicht so schlimm sein würde. Außerdem hatte ich wieder Fasttag. Der Arzt sagte zu mir, dass ich Milch trinken sollte, das würde meinem maroden Magen gut tun, aber leider Gottes, woher nehmen und nicht stehlen? Milch ist hier nicht zu haben.

4. Januar. Der Herr Hauptmann sagte am Morgen zu uns, dass er uns alle erst einmal kennen lernen möchte. Wie das genau aussah, kam mir sehr bekannt vor. Zuerst hatten wir eine Inspektion mit ganzer Marschausrüstung beim Hauptmann persönlich. Hernach machten wir Schwarmlinien hinauf am Karst in den schwarzen Bergen, das war wieder furchtbar anstrengend. Am Nachmittag war ich Ordonnanz. Dann kam ich zur Signalabteilung, und da hieß es bald wieder marschbereit zu sein.

5. Januar. Das war wieder ein ganz schrecklicher Tag. In der Früh war Abmarsch, mit scharfem Tempo schritten wir aus. Hart am Ufer lag Kastenanova. Die Endstation unseres Gewaltmarsches hieß Slenidija. Für uns arme Soldaten war es ein sehr heißer Tag. Wir schwitzten alle sehr.

Außerdem hatten wir wie immer großen Hunger, aber statt Brot fassten wir noch 80 Patronen zusätzlich. Um 6 Uhr abends wurden wir in einigermaßen schönen Bauten in Dalmatien untergebracht. Wir waren jetzt in der Bucht von Katarov, es ist sehr schön hier.

6. Januar. Heilige Drei Könige. Wir erfuhren, dass wir eingeschifft werden sollten. Um die Zeit bis dahin zu überbrücken, mussten wir unsere Gewehre putzen und Patronen visitieren. Wehe, bei einem Soldaten fehlte eine Patrone, dann gab es Zeter und Mordio. Um 2 Uhr war Abmarsch zum Schiff. Bei der Nacht bestiegen wir einen Dampfer und es dauerte nicht lange und wir waren drüben über der Bucht. Rasch ausgeschifft und dann schnell weiter noch eine Stunde marschieren, bevor wir in einem kleinen Ort rasteten.

7. Januar. Ich hätte mich sehr gefreut, wenn ich hätte etwas schlafen können, aber dazu kamen wir leider nicht. In aller Herrgottsfrühe hieß es schon wieder alles zusammenpacken und abmarschbereit sein. Und dann warteten wir müde auf weitere Befehle. Man hörte schon schweres Artilleriefeuer in der Nähe, dass die Luft zitterte. Mitunter auch heftiges Gewehrfeuer. Wir sahen uns bleich an, uns war nicht wohl in unserer Haut. Ging es etwa schon wieder los? Gott weiß, was uns bevorsteht. Wir hatten verschiedene Belehrungen, am Abend aber marschierten wir wieder zurück und wurden in einer schäbigen Unterkunft einquartiert um 6 Uhr.

8. Januar. Um 8 Uhr früh Abmarsch. Mit Schrecken wurden wir gewahr, dass es zum Sturm ging gegen den Lofzen. Gott beschütze uns! In einer Gebirgsschlucht gingen wir in Deckung, wo wir eine Weile liegen blieben. Es wurde ein furchtbarer Tag, als ginge heute die Welt zugrunde. Die Artillerie auf beiden Seiten machte ein furchtbares Trommelfeuer vor allen Festungen. Die Berge krachten von dem vielen Lärm, der sich als Echo brach und die Luft erzitterte. Außerdem roch es nach verbranntem Pulver. Wir lagen in unserer Deckung, beteten und hofften, dass es bald vorüber war und warteten, bis die Reihe an uns kam zum Vorrükken. Bis zum Abend verharrten wir in dieser quälenden Ungewissheit, da erst rückten wir vor bis Frinitasch und einmal wieder auf einen schreck-

lichen steilen Berg. Der Sturm hinauf wurde uns erschwert und vergällt durch ein schreckliches Gewitter. Regen in Strömen, Blitz auf Blitz und so heftig, wie man es wohl nur sehr selten erlebt, und ein Donnerschlag, als möchte das Firmament über uns zusammenstürzen. Aber der nahe Kanonendonner übertönte wirklich alles. Es war furchtbar finster, man sah die Hand nicht vor den Augen. Im fahlen Schein der Blitze erkannte ich, dass der Hang über uns eingestürzt war. Über verschiedene baufällige enge Brücken gingen wir stramm vor, immer in Erwartung eines Gewehrfeuers oder ähnlichem.

9. Januar. Heute früh um 6 Uhr ging der Kampf erst richtig los. Wir wurden wegbefohlen, trotzdem ging es immer weiter vorwärts in der großen, unwirtlichen Wildnis, über Serpentinen die Berge hoch, über Stock und Stein, durch knietiefen Schnee und so schnell wie möglich. Unsere Artillerie hatte uns bald gänzlich ruiniert. Gegen Abend waren wir alle ganz kaputt, trotzdem hieß es Bajonett auf und los mit Hurra. Bald waren wir auf dem Berg oben. Es war furchtbar, nicht zum Beschreiben. Bei dieser furchtbaren Schlacht hatten wir so manchen treuen Kameraden für immer verloren und dazu viele Verwundete. Als in meiner Nähe eine Granate explodierte, traf mich auch ein Stein seitlich am Kopf. Ich weiß nur noch, dass er direkt von oben herab kam. Ich blutete am Kopf und an der Schulter, es war aber weiter nicht gefährlich. Gott beschützte mich! In der Nacht wurde es dazu auch noch furchtbar kalt. Stürmisches Schneetreiben ging über uns herab. Aber man kannte keine Gnade. Wir mussten ganz oben auf dem Berg in Schwarmlinien bleiben und kämpfen. Ich war ganz durchnässt. In der Früh waren wir alle ganz steifgefroren.

10. Januar. Da das schreckliche Feuer und Kampfgetümmel etwas nachgelassen und in eine andere Richtung sich verlagert hatte, eilte unser Bataillon, oder vielmehr das, was davon übriggeblieben war, wieder den ganzen Berg hinab. Wir hofften alle auf Menage, aber so sehr wir auch suchten und uns umschauten, es war keine Küche da. Kein Brot gab es für uns und auch keinen Speck, und der Hunger war fast nicht mehr auszuhalten. Wir waren alle sehr enttäuscht und drehten wieder um. Schrecklich langweilig stiegen wir den Berg wieder hinauf. Das Geschrei von

ein paar Chargen war uns ganz egal. Wir kamen in einen zerschossenen Strohschuppen, einige Kameraden mussten sofort auf Patrouille gehen. Den halben Tag blieben wir oben auf dem Berg, danach marschierten wir wieder hinab ins Tal und blieben in einem großen zugigen Stall über Nacht. Zum Reden hatte keiner mehr Lust, alle waren hundemüde und dachten an die vergangenen Stunden und die verlorenen Kameraden. Es war schon traurig, was wir durchmachen mussten.

11. Januar. Gleich in der Frühe wurde wieder eifrig vorgerückt. Unser Bataillon war wieder Reserve. Es wäre ja nicht so schlimm, das viele Marschieren machte mir fast nichts mehr aus, aber immer wieder diese furchtbar hohen Berge, die wir immer erklettern müssen. Die Welt ist so groß und wenn die Menschen schon unbedingt Krieg machen und sich umbringen müssen, warum kann es dann nicht auch in einem Flachland sein?

Unsere Artillerie ging stramm vor. Wir erfuhren, dass unsere Bataillone schon alle Berge in der Umgebung besetzt hatten. Von der Hauptstadt Montenegros, Szegine, sausten uns 42er-Mörser entgegen, konnten uns aber nichts anhaben. Vor der Stadt bauten wir uns auf.

Um 4 Uhr nachmittags kam ein Auto von der Feindesseite her mit der weißen Fahne. Es war ein montegrinisches und ein französischer Parlamentär sprach. Er verhandelte mit uns und schlug sechs Tage Waffenstillstand vor. Alle Geschütze schwiegen. Die Stille tat richtig gut. Wir waren einverstanden, dann gingen wir auseinander.

Unser Bataillon wurde in zugigen Hütten einquartiert. Es war sehr kalt, wir bekamen nichts zu essen, hatten keinen Schlaf, alles war voller Läuse. Von den vielen Strapazen waren wir alle ganz erschöpft. Es geht halt nimmer mehr.

12. Januar. In aller Frühe mussten wir unter heftigem Gewehrfeuer vorrücken. Immer wir armen 45er, es ist zum Verrücktwerden! Es war wieder ein schrecklich hoher Felsen zu erstürmen. Um 2 Uhr waren wir mit Hurra endlich oben. Fluchtartig zog sich der Feind zurück. Dafür mussten wir den Berg besetzt halten. Unser Bataillon war wieder etwas kleiner geworden, tapfere Männer waren im Berg liegengeblieben. Es war schrecklich kalt. Bei der Nacht erfroren sich viele Kameraden die

Füße auf der Feldwache. Der Schnee knirschte unter unseren Schuhen. Leider war auch kein Holz da zum Feuermachen.

13. Januar. Heute Morgen waren wir ganz steifgefroren. Ich konnte mich fast nicht mehr bewegen. Den ganzen langen Tag mussten wir den Berg besetzt halten. Ein unangehmer eisiger Wind pfiff uns um die Ohren. Vereinzelt fiel hier und da ein Schuss, es war aber nicht gefährlich. Die Nacht war schrecklich kalt und es schneite sehr. Warum konnte es jetzt nicht Sommer sein?

14. Januar. Es kam der Befehl zum Abmarschieren. Zwei Stunden blieben wir in einem Steilhang und warteten auf weitere Befehle. Ich hoffte, dass wir diesen schrecklichen Ort für immer verlassen würden. Ein Oberst kam zu uns und sprach uns dann seinen und des Kaisers besten Dank aus für unsere große Tapferkeit. Die fünf höchsten Berge waren erstürmt worden und die Montenegrer flüchteten sich gegen Albanien in die Hauptstadt. Danach marschierten wir weiter.

15. Januar. Es ging wieder auf Feldwache. Ich war Anführer einer kleinen Gruppe und war ganz froh, dass ich nicht Posten stehen musste, weil zu wenig Chargen aus der Schlacht übriggeblieben waren. Es war einmal wieder ein sehr ruhiger Tag und ich hatte wieder Gelegenheit, in mein Tagebuch zu schreiben. Auch einen Brief in die liebe Heimat habe ich angefangen.

16. Januar. Abmarsch nach Ketinie, aber nicht lange und wir wichen von dem Marschweg ab. Es ging wieder dem Feinde nach. Ein kurzer heftiger Schusswechsel und er zog sich fluchtartig zurück. Auf der Straße herrschte ein schrecklicher Verkehr. In einer tiefen Schlucht aßen wir etwas im Stehen, außerdem wurden wir in baufälligen Hütten einquartiert. Auch hatten wir bei der Verfolgung viele Gefangene gemacht, darunter einen General und viele Stabsoffiziere. Sie wurden scharf bewacht und keine Sekunde aus den Augen verloren, bis eine andere Einheit kam und die Männer abführte in ein Gefangenenlager.

17. Januar. Ich kam in die Inspektion. Musste viel herumlaufen, war aber ein recht freudiger Tag. Früh war Abmarsch, wieder dem Feinde nach. Es schien so, als wollte er sich nicht an das Waffenstillstandsabkommen halten. Einmal am Tag wurde Halt gemacht, aber nicht allzu lange. Um 10 Uhr kam telefonisch durch, dass die Montenegrer sich ergeben hätten und die Feindseligkeiten eingestellt hatten. Das furchtbare Hallo danach kann man nicht schildern, es war unfassbar. Das ganze Lager, über 30000 Mann von jeder Militärgattung, war auf den Beinen. Sie führten Freudentänze auf, weinten vor Freude, beteten und brüllten sich die Erleichterung von der Seele. Möge Gott den Frieden bald überall geben. Danach war Lausen, Putzen, Flicken und Ausrüstung herrichten. Die Ortschaft in der Nähe hieß Dobruschkosilo. Abends marschierten wir nach Kettingo zurück. Dort wurden wir im Ministerium am Dachboden einquartiert.

18. Januar. Den ganzen langen Tag mussten wir wieder Hunger leiden, zu rauchen gab es auch nichts. Dazu hockten wir nur tatenlos in der Kälte auf dem Dachboden herum, es war schon ein jämmerliches Leben. Ich benutzte den Tag, um den angefangenen Brief fertig zu schreiben und wieder Eintragungen in mein Tagebuch zu machen, außerdem holte ich lange vermissten Schlaf nach. Spät am Nachmittag kam man in ein Zimmer, wo auch genügend Platz war, um sich zu bewegen.

19. Januar. Die einzige Aufgabe, die wir heute bekamen, war Munition und Ausrüstung herrichten, damit beides kontrolliert werden konnte. Damit es uns wohl nicht zu wohl wurde, mussten wir das zweimal wiederholen, die vorlauten Chargen wollten auch zu ihrem Recht kommen. Zum Kaufen gab es in der ganzen Stadt nichts. Das Geld lag im Haufen herum, nur schade, dass man es nicht essen kann.

20. Januar. Heute war ebenfalls nur wenig Arbeit. Ich stand an einer Straßenkreuzung und fungierte als Wegweiser. Die ganze Nacht hatte ich keine Ruhe mit lauter Ordinierung zum Abmarsch. Ich hatte Kopfschmerzen von dem blöden Geknatter der vielen Autos.

21. Januar. Um 3 Uhr am Morgen hatte ich Tagwache. Danach war es wieder ein Riesenskandal, wie wir marschierten. Wir wurden wieder angetrieben, als ob wir alle Rekorde brechen wollten. Fünf Stunden hasteten wir in einem Tal, etliche 1000 Mann. Wir waren schon alle ganz kaputt, trotzdem mussten wir danach auf einen Berg längs auf dem kürzesten Weg hinauf. Um 6 Uhr am Abend wurden wir in einer Ortschaft einquartiert.

22. Januar. Am Vormittag war wieder Visite. Viele Kameraden klagten über Beschwerden, auch über den Hunger, wurden aber alle als kerngesund abgewiesen. Wir bekamen wieder jeder Patronen zugeteilt. Die Menage war so miserabel, nicht zum Leben und nicht zum Verhungern. Außerdem mussten wir wieder über sehr hohe Berge laufen mit der ganzen schweren Ausrüstung. Hat denn das Marschieren überhaupt kein Ende?

23. Januar. Über Nacht lagerten wir auf einem Berg, in der Frühe war Abmarsch wieder ins Tal hinab nach Rescheka. Die Stadt liegt an einem schönen See. Von dort ging es weiter nach Podgorica. Heute war es im Gegensatz zu den letzten Tagen und Wochen sehr warm. Wir schwitzten stark bei einem neuen grässlichen Marsch. Unterwegs begegneten uns Tausende unserer Gefangenen unter strenger Bewachung, aber, oh Jammer, wie sahen sie nur aus! Halb nackt und schrecklich mager, ein schrecklicher Anblick! Um 9 Uhr kamen wir in ein Dorf. Um 1 Uhr gab es ein wenig Menage, danach hatte ich sofort Feldwache.

24. Januar. Die ganze Nacht marschierte unser Bataillon bis um 8 Uhr am Morgen. Es ist unglaublich, was der Mensch aushalten kann und muss. An unserem neuen Quartierplatz angekommen, musste ich mit ein paar Kameraden sofort wieder zurück zum Hauptquartier als Ordonnanz. Es war ein schrecklicher Marsch ohne einen einzigen Bissen Brot. Um ein Uhr kamen wir dort endlich an, der Erschöpfung nahe. Dort wurden wir dazu auch noch schrecklich beschimpft, weil wir so spät gekommen waren. Die ganze Ungerechtigkeit der Welt wurde über uns armen Soldaten ausgeleert. In der Stadt hier war es sehr schön, aber alles war schrecklich teuer. Die ganze Stadt wimmelte von Montenegriner Militär. Mir war das

aber ganz egal. Ich wollte nur noch schlafen, konnte aber vor Müdigkeit nicht mehr liegen.

25. Januar. Am Morgen Abmarsch in eine andere nahe Stadt, dort war Einquartierung. Danach ging es gleich wieder weiter auf Feldwache an dem Ort, an dem wir auch schon vorgestern standen. In der Nacht gingen wir auf Patrouille, natürlich mit ganzer Ausrüstung. Auf den nahen Bergen schossen die Albaner fleißig.

26. Januar. Heute kam die Ablösung. Unser Bataillon brach seine Zelte wieder ab und marschierte in die Stadt zurück. Vor lauter Hunger ging ich einkaufen, obwohl alles sehr teuer war, und ich aß für fünf Kronen Brot.

27. Januar. Am Vormittag war ich bei der Feldmesse, danach hatten wir Defilierung. Am Nachmittag wurde ich wieder zur Feldwache eingeteilt. In der Nacht hatte ich Verbindung zur Patrouille.

28. Januar. Heute wurden wir wieder abgelöst. Ich war sehr froh darüber, denn allmählich hielt ich es nicht mehr aus. Ich ging in mein Zelt und weil ich keinen neuen Befehl bekam, verhielt ich mich ruhig und schlief. Ich träumte davon, wieder zu Hause zu sein in der Heimat bei meinem Schatz und es war Frieden.

29. Januar. In der Frühe putzten wir unsere Gewehre und richteten sie her für die Kontrolle. Die Chargen waren zwar wie immer saugrob, trotzdem mussten wir nicht nachreinigen wie sonst, denn es hieß kurz darauf antreten. Um 10 Uhr wurde es ganz feierlich. Es gab eine große Ansprache über die gute Sache des Krieges, danach wurde die Tapferkeitsmedaille vom 21. Oktober für den Angriff bei Wischograd ausgegeben. Da gab es auch wieder eine große Lumperei. Wir waren nämlich genaugenommen gar nicht dabei gewesen in dieser furchtbaren Nacht. Selbstverständlich war es besser, wir bekamen die Silberne, wir bekamen aber auch noch die Bronzene. Doch ich machte mir nicht viel daraus, ich dankte vielmehr Gott um mein Leben. Am Nachmittag hatte ich zur Feier des Tages dienstfrei, da ging ich in der Stadt spazieren. Ich kehrte aber auch bald

wieder zurück. Alles war sehr teuer hier und ich hatte nur wenig Geld.

30. Januar. Heute wurde eine Feldmesse abgehalten, danach hörten wir einer Predigt von unserem Feldkorporator zu. Danach ging es wieder auf Feldwache, wo wir ganz schön froren fürs Vaterland.

31. Januar. Wir haben uns wieder entlaust, danach wurde unser Bataillon wieder abgelöst. Ich verdrückte mich in meine Unterkunft und schrieb. Außerdem war ich in Gedanken ganz weit weg.

1. Februar. Heute war es wieder ein großer Skandal. Unseren Vorgesetzten fiel nichts Besseres ein und ließen uns mitten auf dem Stadtplatz exerzieren wie die Rekruten und nicht wie arg geschundene Krieger. Dazu wurden wir schrecklich beschimpft. Danach gab es ein kleines bisschen Menage, von Brot war aber schon seit drei Tagen keine Spur. So musste ich wieder auf Feldwache. Für unsere Armee ist das ganz unwürdig, so wird man sonst nur in Österreich behandelt.

2. Februar. Auch heute war ein schrecklicher Tag. In der Frühe wurden wir beizeiten von der Feldwache abgelöst und es ging fort mit voller schwerer Ausrüstung über schreckliches Gebirge und tückisches Felsgestein. Nirgendwo gab es Straßen und Wege, nur tiefer Schnee, Glätte und Steine, Steine, Steine. Erst am Abend machten wir Lager auf einem Fährenplatz, wo viele Kameraden erschöpft zu Boden sanken und lange liegen blieben. Wir lagerten direkt am Stukari-See, der furchtbar stank. Auch gab es kein Holz zum Feuermachen. Wir waren alle todmüde. Auf dem schweren Marsch lagen über 6000 verreckte Pferde. Die Sonne, die am wolkenlosen Himmel stand, war sehr warm und tat ihres dazu, dass die Kadaver für einen furchtbaren Gestank sorgten. Es war fast nicht auszuhalten.

3. Februar. Es wurde weitermarschiert über lauter Felsengestein und Sümpfe. Man sagte uns auch gar nicht, wohin wir überhaupt sollten. Wieder dem Feinde entgegen? Auf zu einer neuen schrecklichen Schlacht? Von der Küche war natürlich keine Spur. Ein Viertel Brot und ein wenig Reis, das war alles für den ganzen Tag. So ging es im scharfen Marsch fort bis zum 10 Uhr bei der Nacht. An mehreren Städten ging es vorbei, wir

durften aber nicht hinein, wegen ansteckender Krankheiten, wie man uns sagte. Wir bekamen nicht einmal die Erlaubnis, die Zelte aufzubauen, sondern lagerten im Straßengraben links und rechts. Wir hockten uns auf die Steine vor Müdigkeit, und trotz der beißenden Kälte schliefen wir erschöpft ein.

4. Februar. Als wir aufwachten, lag der Reif auf uns. Mit in der Nähe herumliegenden Kukuruzstroh wurde ein wenig Kaffee gekocht. Mich fror es sehr, ich klapperte sogar mit den Zähnen, auch der Magen tat mir immer weh. Um 2 Uhr Nachmittag marschierten wir ab, wurden aber wieder nicht eingelassen in eine Stadt, weil alles voll Seuche und Cholera war. Wir befanden uns auf albanischem Boden am Stukari-See. Auf einem offenen Feld lagerten wir. Um 8 Uhr abends endlich, nach den vielen schweren Tagen, kam endlich die Küche wieder zu uns. Sie musste von ein paar Kameraden vom Schiff abgeholt werden. Ich hatte den restlichen Tag Inspektionsdienst.

5. Februar. Unsere Mannschaft musste zunächst in die Stadt, um die Übikationen zu reinigen in der italienischen Schule. Niemand wollte mehr von uns, jeder war total erschöpft, wir mussten mit Stöcken angetrieben werden. In der Frühe gab es nicht einmal einen Kaffee. Am Nachmittag marschierten wir dann stramm in die Stadt hinein. Abends kamen wir in die italienische Schule, von dort war es eine Stunde weit zum Hafen. Um 10 Uhr war endlich Ruhe. Nun war wieder einmal eine bessere Nacht.

6. Februar. Lausen, Putzen, Reinigen war angesagt, danach mussten wir alle erbeuteten Gewehre vom Schiffsplatz in die Stadt in die Kaserne tragen. Es kamen dabei sehr viel zusammen, mehr, als ich geglaubt hatte.

7. Februar. Heute war dieselbe Plackerei. Es wollte fast nicht aufhören. In der Stadt war ein furchtbarer Rummel. Militär von allen Gattungen tummelte sich, auch viel Zivilvolk. Das war ein Schreien, Kommandieren, Herumrennen und Marschieren, fast nicht auszuhalten. Aber es war auch gut, denn da fiel man als Einzelner nicht so auf, konnte man alles langsamer arbeiten.

8. Februar. Heute haben wir stundenlang türkische Patronen sortiert. Am Nachmittag holte unser Bataillon Hunderte freiwillige Albanesen, die zu uns übergelaufen waren, von den Bergen. So war es alle Tage.

9. Februar. Heute war zur Abwechslung nicht viel los, nur Reinigen und Putzen. Nachmittags hatte ich Kasernenwache beim Tor und dann beim Brunnen. Bei der Nacht war es nicht angenehm, ein schreckliches Gewitter mit Sturm ließ uns nicht schlafen.

10. Februar. Ich stand wieder Posten beim Hoftor. Am schlimmsten war immer der Hunger, an den ich ständig erinnert wurde. Auch gab es viel zu wenig zu kaufen. Bei den verschiedenen Bäckern in der Stadt wurde sogar gerauft um das Kukuruzbrot. Der große Hunger ringsum war überhaupt das große Elend. Bei der Essenfassung am Mittag war es auch nichts als eine große Lumperei. Die Portionen waren alle viel zu klein, doch die Herren Offiziere schlugen sich die Bäuche voll, bis sie fast platzten. Auch hatten wir schrecklich viel Albanesen, welche uns auch noch auffraßen. Wo soll das nur noch hinführen?

11. Februar. Heute waren wir nur wieder am Exerzieren. Verfluchtes Labotsch! Nachmittags reinigten wir Stallungen. Das war ein ekelhafter Gestank, den ich noch die ganze Nacht in der Nase hatte.

12. Februar. Ich trieb mit ein paar Kameraden marode Pferde im Hof herum, dann mussten wir sie putzen. Das war schrecklich. Der Gestank schien noch fürchterlicher geworden zu sein als gestern, fast nicht auszuhalten. Am Nachmittag wurde ich abkommandiert ins italienische Konsulat zu den Albanesen, Wache schieben.

13. Februar. Bis zum Mittag stand ich noch am Posten in der Kaserne, danach ging es weiter wieder bei den Albanesen bis abends. Durch die langweilige Herumsteherei fror ich schrecklich, und ich war ganz kaputt. Ich konnte fast nicht mehr. Oh Gott, was soll das nur noch werden mit uns? Würde ich meine liebe Familie und menen lieben Schatz noch einmal wiedersehen?

14. Februar. Die ganze Nacht hatte ich Fieber und Schweißausbrüche, dabei fror ich und war richtig nervös. In der Frühe ging ich gleich zur Marodenvisite. Zunächst wollte mich der Arzt gleich wieder fortschicken und sagte, er hätte für Faulenzer und Drückeberger keine Zeit, aber dann maß er doch Fieber bei mir. Ich hatte 38,5 Fieber. Um 2 Uhr schließlich musste ich dann ins Spital. Dort wurde ich gleich von drei Ärzten untersucht, die gar nicht fein mit mir umsprangen. Zum Schluss war ich typhusverdächtig und hatte vermutlich einen Darmkatarrh. Endlich kam ich ins Sawaschj-Spital außerhalb der Stadt. Dort wurde ich in einen großen Saal gebracht, wo schrecklich viele Kranke lagen aus allen Nationen. Ich war schwer krank und hungrig, bekam aber nichts zu essen. Ich wurde nochmals untersucht vom Regimentsarzt, aber der zuckte nur mit den Achseln. Danach kam ich in ein leeres Gemach, natürlich wieder nichts zu essen, nur etwas Pulver, wobei ich nicht erfuhr, was es war. Mich überfiel eine schreckliche Angst. Ich dachte daran, dass ich jetzt auf einmal ganz allein auf der weiten Welt war. Von allen verlassen sollte ich hier wohl zugrunde gehen. Niemand sah nach mir, den Ärzten und Schwestern war es wohl ganz egal, wie es mir ging. Die Nacht war ein Glück für mich, ich schlief durch, schwer und traumlos.

15. Februar. Am Morgen war mir etwas besser. Zum Essen gab es sehr wenig, und der Tag war furchtbar lange. Niemand war da, mit dem ich mich hätte unterhalten können, niemand sah nach mir, ich hatte auch nichts zum Schreiben da. So verschlief ich den ganzen Tag. In der Nacht konnte ich dann nicht mehr schlafen, auch vor lauter Beißen und Kratzen. Ich wurde fast verrückt dabei und das Blut floss schon von der Brust. Am Abend kam ich wieder in den großen Saal, weil wenig Platz war und auch sehr kalt. Wenigstens war ich jetzt nicht mehr allein und hatte Unterhaltung.

16. Februar. Heute war mir ziemlich besser. Ich war auch froh darüber, denn mir war sehr schrecklich zeitlang. Ich lag unter lauter Tschechen, Kroaten, Polacken, Serben, Ungarn, Albanesen und anderen, mit denen ich nicht ein Wort reden konnte und auch nichts verstand. Beinahe schloss ich die Augen vor Müdigkeit, aber dann bekam ich noch das große Kratzen.

17. Februar. Ich hatte Gelegenheit, nach langer Zeit wieder einmal eine Zeitung zu lesen. Auch meine Montur wurde inspiziert wegen Läuse. Am Abend wurde das ganze Spital gefüllt mit lauter Maroden. In der Nacht kam ich nicht zur Ruhe. Es kam ein heftiges Gewitter auf und im Saal ging der Wind herum. Türen und Fenster fehlten, wurden irgendwann einmal zerstört und nicht mehr ersetzt. Durch diese furchtbaren Verhältnisse starben in dieser Nacht schrecklich viele Männer. Die ganze lange Nacht wurden Leichen von allen Stationen geführt, getragen und einfach fortgeschafft. Diese Nacht werde ich wohl auch nie in meinem Leben vergessen.

18. Februar. Mir war heute ziemlich besser. Der Doktor konstatierte Darmkatarrh und sagte, ich solle nur gut essen, dann wird schon alles besser werden. Doch leider bekam ich nur sehr wenig und dazu war alles, was ich bekam, sehr bitter wie Galle. Auch kamen noch Russen, Türken und Rumänen zu uns in den Saal. Das war ein fürchterliches Geplapper! Ich wollte am liebsten auf und davon vor lauter Wut. Zum Glück waren auch zwei bis drei Deutsche da, da war es nicht ganz so schlimm. Gott gebe mir schnell wieder meine volle Gesundheit, dass ich hier fortkomme. Auch ist es wieder furchtbar kalt hier im Krankensaal.

19. Februar. Ich hoffte bald gesund zu sein, denn ich wollte absolut nicht mehr bleiben hier. Lieber draußen verschmachten als hier liegen bleiben und das ganze schreckliche Elend mit ansehen. Auch der Herr Regimentsarzt wurde immer grantiger. Einige Männer wurden dazu bestimmt, dass sie zum Transport aufs Schiff gehen. Auch ich meldete mich zur Kompanie, hatte aber kein Glück und musste noch bleiben. Ich war ganz traurig darüber.

20. Februar. Im Krankensaal wurde eine heilige Messe zelebriert. Der Feldpater war ein lieber Mensch, fand immer die rechten tröstenden Worte für meinen Kummer. Auch brachte er Zeitungen täglich, auch Zigaretten und Tabak. Ich wäre gerne zu meiner Kompanie zurückgegangen, doch leider ging es nicht. Ich musste in dem scheußlich kalten Zimmer bleiben, musste immer wieder auf und ab laufen. Dabei wurde ich so müde, dass ich nicht mehr über die Stiege hinaufkam. Ich war

einfach viel zu schwach, schlimmer, als ich gedacht hatte. Wenn doch nur das Elend aufhören wollte. Ich war ganz verzweifelt und verzagt.

21. Februar. Heute gingen wieder 80 Männer als gesund aufs Schiff, und ich musste leider wieder hier bleiben. Ich hatte Hunger wie ein Wolf, hätte ein ganzes Pferd verspeisen können, aber es gab nichts zu beißen. Ich bekam nur ein bisschen dünne Suppe, mehr durfte ich nicht essen. Ich stieg langsam und umständlich die Stiege hinunter ins Freie hinaus und setzte mich in die Sonne hinaus. Es war sehr schön.
Ich brütete in der jüngsten Vergangenheit und was es wohl noch werden mag mit mir. Wo ist meine Heimat? Wo sind die lieben Eltern und Schwestern und wo ist mein vielgeliebtes Herz? Ist es wohl möglich, sie jemals wiederzusehen? Das und viele mehr waren meine bittersten Gedanken und mein Herz bebte zum Zerspringen. Um mich anzulenken holte ich meinen Rucksack, um ihn zu flicken.

22. Februar. Ich hielt es einfach nicht mehr aus hier im Spital. Wenn ich noch länger dieses viele Elend ansehen muss, werde ich noch ganz verzagt. Ich meldete mich freiwillig aus dem Spital, jedoch der Regimentsarzt schimpfte mich fürchterlich aus und untersuchte mich wieder. Er konstatierte allgemein schwach, Darmkatarrh und an Typhus leidend. Er wollte mich gleich wieder zurück ins Bett schicken, aber ich meldete mich zum Transport aufs Schiff. Wer kann meine Freude beschreiben, endlich von diesem trostlosen Ort wegzukommen! Abends musste ich mich aufs Stroh legen, weil es wieder sehr kalt war und ich mich sehr schwach fühlte. Es tat mir zwar sehr gut, so dazuliegen, aber in der Nacht schlief ich nichts.

23. Februar. Um 4 Uhr in der Früh ging es endlich aufs Schiff. Ich erfuhr von einem Chargen, dass ich ein Paket bekommen hätte von daheim, konnte es aber in der Eile nicht mehr haben. Das machte mich sehr traurig. Auf dem Schiff war es sehr kalt an Deck, außerdem schneite es wieder sehr. Um 12 Uhr kamen wir nach Ranice. Wir wurden ausgeschifft und mussten auf die Lastwagen, denn zum Marschieren waren wir alle viel zu müde. Außerdem hatten wir noch viel zu wenig Kraft, um durchzuhalten. In einer elenden Hütte verrann der Tag, denn die

versprochenen Lastwagen kamen nicht. Auch war mein grober Oberarzt hier, der mir immer wieder Blicke zuwarf, als wollte er mich umbringen. Dabei hatte ich ihm doch nichts getan.

24. Februar. Die ganze lange Nacht mussten wir verweilen, dann endlich, um 8 Uhr früh, kamen die versprochenen Lastwagen daher. Wir fuhren weg ins Gebirge auf hundsmiserablen Straßen und bei strömendem Regen. Abends kamen wir in Cetinie an, total durcheinandergeschüttelt. Mir taten alle Knochen weh. Ich wurde wieder untersucht, danach musste ich wieder auf den Strohsack. Es war aber nicht weiter schlimm, nur eine Vorsichtsmaßnahme. Außerdem gab es endlich einmal eine gute Menage und ein warmes Bett.

25. Februar. Beizeiten ging es wieder auf die Lastwagen. Wir fuhren wieder über die Gebirge weiter, über den Lofzen und nach Katarov. Dort wurden wir mindestens zehnmal angeschrieen und herumdressiert. Danach kamen wir in eine Bude, wo wir dann etwa hundert Mann waren und alles voller Läuse war. Den ganzen Tag gab es nichts zu essen, ich war ganz kaputt, teilweise von der schlechten Fahrt, teilweise, weil ich mich wieder ganz schwach fühlte. Aber so behandelt man bei der Armee kranke, geschundene Krieger, die bei anderer Gelegenheit ihren Kopf fürs Vaterland hinhalten. Es ist wirklich eine große Ungerechtigkeit auf dieser Welt!

26. Februar. Wir blieben den ganzen Tag hier in dieser elenden Unterkunft. Das einzige Erfreuliche war, dass es doch ein wenig Suppe für uns gab. Ich hatte sie aber auch bitter nötig, denn mir war hundsmiserabel zumute. Der Oberarzt sah zwar nach mir, sagte aber, es wäre alles in Ordnung. Wenn der mit allen Patienten so umgeht, na dann gute Nacht, geliebtes Vaterland!

27. Februar. Wir waren alle baden und die Monturen wurden auch gründlich inspiziert. Dann wurden wir in die Marinekaserne verlegt, dort war es fein. Saubere Zimmer, lauter weiße Betten, alles sauber, aber der Doktor war grob und dumm, bei vielen Männern fand er nicht einmal die Krankheit. Meine Kameraden gingen früh weg, ich musste bleiben.

Vielleicht sogar für ganz? Wo ich doch schon so große Sehnsucht nach der geliebten Heimat hatte! Aber ich darf den Mut nicht verlieren! Es muss weitergehen!

28. Februar. Der Doktor war heute viel gemütlicher, auch waren Krankenschwestern hier, die uns Kranke freundlich behandelten. Es war eine rechte Wohltat, nicht nur Geschrei, sondern auch einmal ein liebes Wort von Frauen zu hören. Die Menage war aber immer noch schlimm, es gab nach wie vor nichts anderes als ein wenig Suppe. Manchmal musste ich sogar raten, was es für eine war. Das kann man sich gar nicht vorstellen, wenn man es nicht selber erlebt. Ich war schon schrecklich beisammen, ein richtiges Klappergestell, und nahm immer noch ab. Der Doktor inspizierte zwar täglich, aber das hätte er sich auch sparen können. Es war soviel wie nichts.

29. Februar. Der heutige Tag war für mich genauso zeitlang wie der gestrige. Ich schlief viel und schrieb ein wenig in mein Tagebuch. Durch einen glücklichen Zufall bekam ich einen Wecken Brot. Er war leider nur zwei Kilogramm schwer. Doch wer war glücklicher als ich? Ich freute mich darüber wie ein kleines Kind und dankte Gott für dieses Geschenk.

1. März. Es regnete gar schrecklich, es ist wie eine Sintflut. Wie gut, dass ich ein Dach über dem Kopf hatte. Trotzdem hieß es heute Abschied nehmen von dem Spital. Es ging wieder aufs Schiff wie früher und nach Satarovic über Kortinova.

Zur Mittagsstunde kamen wir in Rina an, dort wurden wir ausgeschifft und in einem Holzschuppen untergebracht, wo wir hoffen und warten mussten. Wir waren insgesamt 150 Kranke. Bis abends blieben wir uns selbst überlassen, dann wurden wir alle visitiert wegen Läuse. Die Nacht kamen wir dann auf einen Dachboden. Die Menage war denkbar schlecht.

2. März. Wieder war Visite und ich war schließlich zum Abschub bestimmt. Es hieß, es solle ein großes Schiff ankommen und uns abholen. Wenn man alle Kranke, auch von anderen Einheiten, zusammenzählte, dann waren wir insgesamt 800 Kranke hier.

3. März. Heute war wieder Visite, aber nur ganz kurz. Danach hieß es, auf und alles zusammenpacken, danach Desinfizierung und alles abgeben. Es durfte nichts Militärisches auf das Schiff mitgenommen werden. Es wurde alles von einem italienischen Revisor untersucht, denn das Schiff ging durch die italienischen Feuerlinien, und man wollte von vorneherein alle Feindseligkeiten vermeiden. Am ganzen Leib wurden wir visitiert, dann gebadet und zum Schluss mit einer komisch riechenden Salbe von Kopf bis Fuß eingeschmiert. Ich dachte, dass es jetzt endlich losging, aber ich wurde wieder enttäuscht. Ich vergaß ganz, dass ich ja beim Militär war, und da geht alles viel langsamer. Noch eine Nacht brachten wir auf dem Dachboden zu, ich konnte aber nicht schlafen, denn es war ein furchtbares Gewitter.

4. März. Heute war mir etwas besser, trotzdem hatte ich immer noch großen Hunger. Mit großer Sehnsucht warteten wir alle auf das Schiff. Den ganzen Tag sahen wir auf das nahe Wasser hinaus. Hunderte Schiffe fuhren hin und her, ein paar legten auch an, aber das richtige war leider nicht dabei. Schon glaubte ich, dass man uns Kranke einfach vergessen hatte. Ich war mit ein paar wenigen Deutschen unter lauter Kroaten, Tschechen, Polacken, Ungarn und so weiter.

5. März. Faschingssonntag. Welch eine traurige Zeit! Ich hockte auf einem elenden Strohsack, hatte wenig zu essen und nichts zu rauchen, dazu war es mir ganz elend. Auch kam ein Oberstabsarzt vorbei, um nach uns zu sehen. Er war ein rescher Mann, aber guter Patriot. Und er strotzte nur so vor Zuversicht, dass alles gut gehen würde. Ich schrieb wieder in mein Tagebuch und las wie so oft die vielen lieben Briefe, die ich bislang aus der lieben Heimat bekommen und alle aufgehoben hatte. Da ging die Zeit viel schneller und schöner um.

6. März. Wir warteten immer noch auf das Schiff. Ob es noch jemals kommen würde? Vielleicht warteten wir auch ganz umsonst darauf, war es schon lange versenkt worden. Mir war richtig schlecht und schrecklich zeitlang, da ich fast den ganzen Tag mit niemandem etwas reden konnte. In der Nacht kam dann endlich das Schiff an und wir jubelten darüber überglücklich.

7. März. In aller Herrgottsfrühe wurden wir eingeschifft, wir mussten nicht einmal geweckt werden. Es war das größte Schiff vom Roten Kreuz und hieß „Electra". Wir wurden in sauberen kleinen Kabinen in feine Betten gebracht. Alles war richtig fein und auch elektrisch eingerichtet. Auch waren viele Schwestern da, zum Teil recht fesch, welche uns bedienten und fast jeden Wunsch von den Augen ablasen. Wer es nicht sah, konnte sich keinen Begriff davon machen. Fast glaubte ich schon, ins Schlaraffenland gekommen zu sein. Nach vielen langen Wochen fühlte ich mich das erste Mal wieder richtig froh. Die Menage war auch so gut wie schon das ganze Jahr noch nicht. Es gab Brot, Fleisch, Kartoffeln, Zwetschgen, alles, soviel wie wir wollten, ja auch Wein. Da konnte man sich wirklich richtig erholen. Doch leider hatten viele Männer Erbrechen vom starken Schaukeln des Schiffes. Der Doktor visierte ständig. Ich bekam wieder erste Diät, weil ich fieberte. Auch bin ich einmal eingeschlafen und man sagte mir, ich hätte dabei fantasiert. Abends legte das Schiff in Riroduti an, denn nachts durfte nicht gefahren werden. Mir war es auch egal, ich hätte hier lange aushalten können.

8. März. In der Früh ging es beizeiten weiter. Für mich war es leider wieder zum Hunger leiden. Ich bekam nichts als ein bisschen Suppe, weil ich Fieber hatte und immer wieder Erbrechen musste. Was war das nur? Warum wurde es nicht besser? Ich war ganz neidisch auf meine Kameraden in der Kabine, weil die fürstlich essen durften. Abends legten wir für die Nacht in Spalato an.

9. März. In der Frühe ging es wieder weiter. Ich hatte diese Seglerei mit ihrer andauernden Schaukelei schon sehr satt. Ich wollte gerne aufstehen und ein wenig herumlaufen, das wurde mir aber verboten. Ich lag bei einem kleinen runden Fenster und schaute die meiste Zeit mit schlechtem Hamur auf das Meer hinaus. Ich war jetzt schon inzwischen bei neun verschiedenen Doktoren, aber immer war es dasselbe. Ich könnte es schon gar nicht mehr hören. Abends landeten wir in Hira, eine sehr schöne Stadt an der dalmatinischen Küste.

10. März. In der Frühe ging es wieder weiter. Obwohl ich eigentlich nicht durfte, stand ich auf und zog mich an, denn es hieß, wir sollten endlich

ans Ziel kommen. Ich war aber schrecklich müde. Um 3 Uhr am Nachmittag landeten wir in Virine. Das war vielleicht ein Rummel, so viel Kranke auszuschiffen! Die meisten Männer mussten einander stützen, viele mussten auf Bahren ans Land getragen werden. Wir wurden in ein nahes Krankenhaus gebracht, wo wir zunächst alle desinfiziert wurden, entlaust, eingecremt und dann in ein großes dickes Buch eingeschrieben wurden. Danach ging es erst auf die Krankenzimmer. Man verlangte von uns auch noch, dass wir Wache stehen sollten, aber unter uns war keiner, der das konnte. Wir waren alle viel zu schwach dazu.

11. März. Heute war wieder Visite. Der Doktor konstatierte bei mir Darmkatarrh, er war aber ein gemütlicher Mann. Er lachte sogar, wenn er etwas sagte. Auch die Krankenschwestern waren recht gemütlich zu uns und liebenswürdig, hatten auch nur freundliche Worte für uns. Hätte ich den Ärger nicht gehabt mit meiner Krankheit, hätte ich es ganz gut aushalten können.

12. März. Wir wurden geweckt in aller Herrgottsfrühe von einem schrecklichen Erdstoß, der sich noch zweimal wiederholte. Mein Fenster klirrte und das ganze Haus wackelte. Ich hatte furchtbare Angst, dass das Haus einfallen und mich unter sich begraben würde. Aber nichts passierte, Gott hatte wieder ein Einsehen mit uns. Um 9 Uhr wurde eine heilige Messe in unserem Zimmer abgehalten. Danach hieß es den ganzen Tag auf dem Strohsack liegen und nichts tun.

13. März. Heute war es dasselbe und mir war sehr zeitlang. Die Menage war nicht schlecht, aber die ganze kranke Mannschaft war so ausgehungert, dass sie darüber herfiel wie die Löwen. Ich war dabei immer der Dumme und meistens der Letzte, der etwas davon abbekam.

14. März. Den ganzen Tag war mir furchtbar zeitlang. Niemand sah zu uns ins Zimmer herein, wir blieben uns selbst überlassen. Auch erfuhren wir nicht, was in der Welt draußen passierte. Vielleicht war schon längst Frieden und man hatte uns einfach vergessen? Auch war mir bange, dass ich von zu Hause schon lange nichts mehr erfahren hatte. Hoffentlich war dort alles in Ordnung. Ich begann einen langen Brief zu schreiben.

15. März. Der Oberarzt kam zum Visitieren, dann hieß es, wir sollten wieder abtransportiert werden. Wir bekamen eine gute Menage, dann mussten wir alles zusammenpacken und warten. Wo sollte es diesmal hingehen? Erst am Abend kam wieder das Schiff und brachte 600 neue Kranke. Wir Männer, die wir hier schon länger da waren, wurden zum Abschub bestimmt und mussten in der Nacht am Gang auf dem Boden schlafen.

16. März. Heute war wieder ein furchtbarer Rummel. Alles ging drunter und drüber und überall großes Geschrei. Viele Kranke wurden hin und her getragen. Auch bekamen wir unsere Monturen wieder. Aber wie schäbig sahen sie aus! Lauter Fetzen! Wir sahen alle aus wie die schlimmsten Vagabunden. Der Zug, mit dem wir fahren mussten, stand schon bereit zum Wegfahren nach Kroatien am Bahnhof, wir mussten aber noch den ganzen langen Tag warten und auf Strohsäcken herumhocken. Erst am Abend wurden wir endlich einwaggoniert. Die ganze lange Nacht fuhren wir dahin, es wurde uns aber nicht gesagt, wohin es gehen sollte.

17. März. Um 7 Uhr am Morgen kamen wir in Agram, der Hauptstadt von Kroatien, an. Wir durften allerdings nicht aussteigen, sondern mussten weiterfahren nach Sisac. Ich fühlte mich ganz allein. Die ganze Stadt wimmelte nur so von lauter Militär. Meist waren es blutjunge, fesche Männer mit schneidigem Gang und entschlossenen Gesichtern. Daneben sahen wir armen alten Landstürmler recht schäbig aus. In Sisac durften wir auch nicht bleiben, sondern wir mussten hinaus vor die Stadt in die vielen Baracken, wegen den ansteckenden Krankheiten. Es befanden sich ganz gute Betten darin, aber leider Gottes, es war alles kroatisch. Wir wurden alle nicht mehr belästigt, konnten machen, was wir wollten. Ich legte mich auf mein Bett, konnte aber die ganze Nacht nicht schlafen vor lauter Kopfschmerzen.

18. März. Heute war wieder Visite. Der Oberarzt war gemütlich, ich konnte mich mit ihm sogar ein wenig unterhalten. Die Menage aber war so schlecht, die hätte ich nicht einmal einem Hund vorgesetzt. Ich schrieb auch den Brief fertig an die liebe Heimat. So ging der Tag um und ich hoffte wie so oft, dass der dumme Krieg endlich aus war und ich nach Hause konnte.

19. März. In der Frühe hatte ich wieder schreckliche Kopfschmerzen, ich glaubte, der Kopf wollte mir zerspringen. Der Oberarzt half mir aber mit einem Pülverchen, dass es mir bald besser ging. Ich blieb den ganzen Tag liegen und schlief immer wieder ein bisschen, was mir sehr gut tat. Als Menage bekamen wir nichts als eine elende Brennnesselsuppe.

20. März. Obwohl alle Männer hier noch sehr krank oder verletzt waren und von den Ärzten keine Erlaubnis dazu bekommen hatten, meldeten sich viele von uns freiwillig zum Kader, weil es hier nicht zum Leben war. Ich hatte auch oft das Gefühl, dass wir den Ärzten lästig waren und sie nur nach uns sahen, wenn sie einen Befehl bekamen. Wenn man nach einem Doktor rief, musste man immer lange warten, bis einer kam. Ich glaube, sie würden nicht einmal kommen, wenn man am Verrecken war. Ich wäre auch am liebsten gegangen, aber ich fühlte mich sehr schwach und müde.
21. März. Heute war es mir etwas besser. Ich konnte sogar aufstehen und ein wenig spazieren gehen. Doch die Nächte waren furchtbar lang und eintönig.

22. März. Ich habe mich und meine zerlumpte Montur gründlich gewaschen, weil ich glaubte, irgendetwas tun zu müssen. Auch kam das Telegramm in die Baracken, dass das schöne Schiff vom Roten Kreuz, auf dem ich ein paar Tage gefahren war und auf dem es mir so gut ging, einen Tag zuvor, also am 21., versenkt wurde. Ich hatte also wieder Glück gehabt. Ich glaube, es gibt jemanden im Himmel, der seine schützende Hand über mich hält.

23. März. Heute war allgemeines Putzen und Reinigen angesagt. Kein Bett, kein Schrank und auch kein Stuhl stand mehr an seinem Platz, alles musste blitzen und blinken vor Sauberkeit. Die Montur, obwohl elend zerfetzt und nicht mehr zum Anschauen, musste fein geschlichtet werden, weil wir noch am Morgen eine Musterung hatten im Spital. Am Nachmittag erst kam ein Stabsgeneral vorbei, mit ein paar Regimentsärzten und vielen anderen. Für jeden Patienten nahm er sich eine Minute lang Zeit. Er fragte nach den Namen und warum man hier war. Ich sagte es ihm auch und der General lächelte mich an, klopfte mir auf die Schul-

ter und meinte, ich solle nur tüchtig essen, dann werde ich schnell wieder gesund. Aber leider, woher nehmen und nicht stehlen?

24. März. Welch eine Freude! Heute wurde ich endlich aus dem Spital entlassen und zum Kader bestimmt. Ich war sehr froh darüber, wäre dem Oberarzt am liebsten um den Hals gefallen vor Glück. Ich hatte die ewige Lumperei auch schon satt. Auch hoffte ich, dort endlich wieder eine gute Menage zu bekommen.

25. März. Am Vormittag bekam ich eine neue Montur und musste mich einschreiben. Am Nachmittag ging es dann zum Bahnhof. Bis um 5 Uhr mussten wir warten, dann endlich ging der Zug ab nach Bruggiralihida. Meine Menage bestand aus zwei Kronen Reisespesen, das war alles. Damit kann man leider seinen Hunger auch nicht stillen, wenn man keine Möglichkeit bekommt, irgendwo etwas zu kaufen. In Agram angekommen, musste ich im Südbahnhof aussteigen und zum Verdruss warten bis zum anderen Morgen. Wenigstens hatte ich jetzt Zeit, irgendwo etwas zum Essen zu kaufen.

26. März. Heute kam wieder etwas Romantisches auf mich zu, wie es wohl nur beim Militär geben kann. Ich fuhr weg und nach etwa einer Stunde fragte mich der Schaffner, wohin ich denn wollte und ich sagte ihm, dass ich schon richtig war, nämlich nach Bruck an der Murr. Aber leider, ich war in den falschen Zug eingestiegen. An der nächsten Station musste ich aussteigen und dann mit dem nächsten Zug wieder zurück. Dort drehte man mir eine große Nase und ich musste warten bis ein Uhr Mittag. Alles war so schrecklich teuer und ich hatte nur wenig Geld, um mir etwas zum Essen zu kaufen. Und, oh Jammer, ich hätte erst abends fortfahren sollen.
Um 6 Uhr abends kam ich nach Seleca, dort musste ich auf den nächsten Zug warten bis 11 Uhr nachts. Dann kam erst der Zug, der nach Budapest ging. Es war gut. Ein freundlicher Sanitäter gab mir etwas Brot und Bohnen, womit ich mir meinen Bärenhunger stillte. Dann sah die Welt schon wieder ein bisschen zuversichtlicher aus.

27. März. Um ein Uhr in der Nacht fuhr der Zug ab, aber in Richtung Wien. Dort gab es wieder so manchen Spektakel, wie es nur das Militär inszenieren kann. Um 12 Uhr mittags ging es von Wien ab nach Podgiralihuda. Um 3 Uhr kam ich endlich mit Gott in Bruck an. Nach einem großen Durcheinander und mit lauter Hin- und Herfahren kam ich endlich ganz müde und kaputt in eine Baracke ins alte Lager, wo mein Regiment 91 lag. Das gab ein großes Hallo, als ich meine alten Kameraden wiedersah. Es gab sehr viel zu erzählen. Auch wurde ich wieder hin und her geschickt.

28. März. In der Frühe hatte ich wieder Krankenvisite. Ich kam zu den Rekonvaleszenten, dort wurde ich wieder ärztlich untersucht. Ich war immer noch nicht ganz gesund, sollte mich noch schonen und gut essen. Am Nachmittag war baden und reinigen.

29. März. Zusammen mit ein paar alte Kameraden ging ich spazieren in die Stadt hinaus. Wir suchten Veilchen und spielten Karten zum Zeitvertreib. Auch beobachteten wir, wie ein Bataillon mit Musik und Befehl wegging. Und wir waren sehr froh, dass wir da nicht dabei waren, denn wir wussten, was das hieß.

30. März. Auch heute war ich wieder den ganzen Tag spazieren. Es war gut, einmal nichts vom Krieg zu wissen und keine Soldaten zu sehen und kein Geschrei zu hören. Ich genoss den schönen Tag und freute mich darüber, dass die kalte Jahreszeit immer mehr aufhörte und der Frühling kam.

31. März. Heute war es empfindlich kalt. Die Krankenschonzeit hatte ein Ende für mich, das harte unangenehme Soldatenleben begann wieder. Wir mussten einige Geländeübungen machen, die aber Gott sei Dank nicht sehr schlimm waren, danach rückten wir wieder ein. Am Nachmittag war allgemeines Zimmerreinigen.

1. April. Unsere Kompanie erhielt den Befehl, Blei zu suchen auf den Schießstätten, am Nachmittag hatte ich schon wieder Inspektionsdienst. Ich musste viel herumlaufen und war schrecklich müde. Ich durfte aber

nicht schlappmachen, denn ich wollte nicht schon wieder zurück zu den Kranken.

2. April. Bis Mittag hatte ich Dienst, wurde wieder von einem Ort zum anderen geschickt wegen nichts. Ich kam mir sehr dumm vor. Am Nachmittag hatte ich dienstfrei und ging wieder spazieren, damit ich meine Ruhe hatte und meinen Gedanken nachhängen konnte.

3. April. Am Vormittag war ich wieder damit beschäftigt, Blei zu suchen. Eine langweilige Arbeit, aber man musste schon nicht etwas anderes tun, auch war es nicht anstrengend. Am Nachmittag ging ich wieder spazieren.

4. April. So sah es auch heute aus. Den Vorgesetzten schien nichts Besseres einzufallen, denn wir mussten schon wieder Blei suchen gehen. Damit der Tag nicht so langweilig blieb, mussten wir alten Landstürmler auch noch Schießübungen machen. Aber besser das, als wieder gegen den Feind ins Feld zu ziehen und sich abschießen zu lassen.

5. April. Heute war wieder ärztliche Visite. Viele von uns kamen zur Ersatzkompanie, ich war auch dabei, weil wir nicht kräftig genug waren. Dort hatten wir es viel ruhiger als in den anderen Kompanien. Auch war die Menage ein wenig besser.

6. April. Bis Mittag hatten wir Dienst, dann war Antreten wegen Heimaturlaub. Ich wurde auch auf einer Liste eingetragen. Ob wir aber auch wirklich einen Urlaubsschein bekamen, war nicht sicher. Ich hoffte zwar darauf, wurde aber schon so oft beim Militär enttäuscht, darum glaubte ich nicht recht daran, dass es auch klappte.

7. April. Wir mussten heute wieder Blei suchen, wohl, weil wir schon Spezialisten waren. Es war aber eine leichte Arbeit und wir mussten uns nicht anstrengen. Am Nachmittag mussten wir dann unsere Zimmer reinigen.

8. April. Am Vormittag mussten wir schon wieder Blei suchen. Ich war aber nicht mehr so dumm, hielt mich immer ein wenig abseits und setzte mich unter einen Baum. Am Nachmittag war dann große Aufregung bei uns. Wir mussten alle antreten zum Urlaubsscheinempfang. Wer kann mein Glück und meine große Freude beschreiben, als ich auch einen bekam. Es wurde also doch noch wahr und ich durfte alle meine Lieben wiedersehen! Dann musste alles sehr schnell gehen, denn um drei Uhr fuhren wir schon weg.
9. April. Um 4 Uhr früh war ich endlich in Budweis. Ich konnte es kaum noch erwarten, endlich zu Hause zu sein. Erst nach drei Stunden Aufenthalt ging es weiter nach Stein. Um 9 Uhr war ich endlich in Stein, wo ich schon fast zu Hause war. Ich stieg aus und atmete die heimatliche Luft tief ein. Und noch in dieser schweren Zeit eilte ich mit großer Freude und bebendem Herzen der Heimat entgegen. Nichts konnte mich mehr aufhalten. Je näher ich kam, umso schneller wurde ich. Jeden noch so steilen Berg hätte ich jetzt überstiegen, nur um endlich nach Hause zu kommen, heim zu meiner Familie und heim zu meinem Liebchen. Mit Gott! Wie glücklich fühlte ich mich zu Hause!

Leider Gottes dauerte es nicht lange, nur 18 Tage Urlaub hatte man mir gegönnt. Also, am 29. April rückte ich wieder schweren Herzens ein. Der Abschied von der Heimat und all den Lieben war unendlich schwer für alle. Ich kämpfte mit den Tränen und ein dicker Kloß saß mir im Hals. Auch machte ich mir große Sorgen, denn der Vater war schwer krank. Um 9 Uhr abends kam ich wieder nach Bruck an der Leiter, wo ich mich zurückmelden musste.

30. April. Am Vormittag war Beichtgang, am Nachmittag allgemeine Visite. Danach bekamen wir noch Ausgang.

1. Mai. Ich musste zur Musterung, wo ich für gesund und tauglich anerkannt wurde. Abends kam ich ins Lager zur 5. Ersatzkompanie, wo mir eine Unterkunft zugewiesen wurde und ich noch ein bisschen Menage bekam.

2. Mai. Heute wurden alle Soldaten eingeschrieben, dann ging das Exerzieren los. Das war wieder eine Plagerei, nicht zum Beschreiben. Als wollten uns die Herren Offiziere zeigen, wo wir wieder waren.

3. Mai. Auch heute mussten wir wieder stramm wegexerzieren. Alle Offiziere waren holzgrob zu uns und die anderen Chargen, meist junge Dutter Freiwillige, die noch nie an der Front standen so wie ich, waren auch nicht viel mehr wert und nicht viel besser. Sie scheuchten uns, als ob sie uns umbringen wollten und beschimpften uns, als wären wir der Feind. Ich war am Abend ganz kaputt und wollte von niemandem etwas wissen.

4. Mai. Heute war dieselbe Segratur (Schikane). Von früh bis abends wurden wir in einem fort herumgejagt, und hatten nur wenige und kurze Pausen. Es war eine Schinderei, für jeden Menschen unwürdig. Ich wusste gar nicht, was ich verbrochen hatte, dass man mich so schäbig behandelte.

5. Mai. Am Morgen wurde ich mit ein paar Kameraden schwer marschverpflegt und kam einstweilen bei der 4. Marschkompanie unter. Aber da war es auch nicht besser. Den ganzen Tag wurden wir segiert mit lauter dummen Befehlen, Salutierübungen und Defilierungen. Man behandelte uns, als wären wir ganz frisch zum Militär gekommen.

6. Mai. Heute war es nicht viel besser. Wir mussten viel Defilieren und Exerzieren. Auch gab es Monturenappell, wo wir wieder angeschrieen und beschimpft wurden.

7. Mai. Heute war Kirchgang. Die Kirche war bis auf den letzten Platz gefüllt von Soldaten. Am Nachmittag war ich ganz allein. Da war mir wieder schrecklich zeitlang. Dazu war ich noch von den letzten Tagen ganz kaputt und dachte an die Vergangenheit, an die schlimme Zeit an der Front und an den schönen Urlaub daheim, der leider viel zu kurz war. Außerdem schlief ich sehr viel.

8. Mai. Am Morgen ging es zur Marodenvisite. Mich traf fast der Schlag, als man mir sagte, ich muss ins Spital. Der Arzt hatte mir Gelbsucht konstatiert. Was sind das nur für Ärzte! Wenn man krank ist, dann finden sie nichts, und fühlt man sich gesund, dann finden sie Gelbsucht! Aber von dem vielen Herumlaufen beim Feldzug und den vielen Übungen in den letzten Tagen war ich ohnehin ganz kaputt. Also wurde ich noch einmal krank.

9. Mai. Den ganzen lieben langen Tag lag ich im Spital und wurde lange ärztlich untersucht. Dann bekam ich erste Diät. Es hieß also wieder Hunger leiden. Mir blieb aber auch nichts erspart beim Militär. Wie soll das noch weitergehen?

10. Mai. Heute holte ich mir meine Post, dann schrieb ich den ganzen Tag zum Zeitvertreib. Was soll man auch den ganzen Tag tun in einem Spital?

11. Mai. Auch heute war ich den ganzen Tag im Bett. Einmal kam ein Arzt herein, um nach mir zu sehen, aber untersucht wurde ich dabei nicht. Die Menage war auch ganz spärlich. So blieb mir nichts als viel schlafen und nachzudenken.

12. Mai. Ich ging ein wenig ins Lager, um die Post zu holen und bei meinem großen Hunger Brot zu kaufen. Auch gab es heute wieder eine gute Menage. Wir bekamen alle im Spital eine gute Suppe und Gulasch. Wenn es nur immer so wäre, dann könnte man es hier ganz gut aushalten.

13. Mai. Weil mir so zeitlang war, habe ich heute ein wenig meine Wäsche gewaschen, danach ging ich spazieren. Es tat gut, sich an der frischen Luft zu bewegen und dem Vogelgezwitscher zuzuhören. Auch hielt ich mich abseits der Kaserne, um nicht soviel Soldaten zu sehen. Erst am Abend ging ich ins Spital zurück.

14. Mai. Am Vormittag war ich in der Kapelle in der heiligen Messe. Am Nachmittag ging ich in Pornendorf Brot kaufen. Ich bekam noch weniger für mein Geld als vor drei Tagen. Danach ging ich gleich ins

Spital zurück und legte mich in mein Bett, wo es schön warm war. Denn draußen waren die Tage immer sehr kalt und ungemütlich.

15. Mai. Heute stand ich erst gar nicht auf, im Bett war es viel gemütlicher. Ich schlief viel und ließ mir meine Menage auch ans Bett bringen. Das war etwas ganz Neues, und man sagte mir, nur ausnahmsweise, weil ich gar so schlecht aussah. Aber es war überall so kalt und frisch, da war es viel schöner im Bett.

16. Mai. Weil mir so zeitlang war, schrieb ich einen drei Meter langen Brief in die liebe Heimat, da ging fast der ganze Tag um. Abends vertrat ich mir im Lager ein bisschen die Beine, aber nicht lange wegen der Kälte.

17. Mai. Heute wurde ich wieder gründlich ärztlich untersucht, auch war mir schon viel besser. Der Arzt meinte, noch ein paar Tage Schonung, dann war ich wieder tauglich für den Dienst. Danach ging ich in die Maiandacht. Den Nachmittag verbrachte ich mit Spazierengehen und Schlafen.

18. Mai. Ich blieb wieder in meinem Bett liegen und hing den ganzen Tag meinen verschiedenen Gedanken nach. Ich war ganz faul und hatte zu nichts Lust.

19. Mai. Der heutige Tag ging schnell um. Ich war die meiste Zeit am Schreiben und Lesen. Auch ging ich wieder eine Weile spazieren, um mir die Beine zu vertreten und um frische Luft zu schnappen.

20. Mai. Um etwas gegen meinen großen Hunger zu unternehmen, war ich Brot kaufen, was wieder sehr teuer war. Kaum bekam man ein wenig Geld geschickt, schon ist es wieder für nichts ausgegeben. Auch bekam ich einen ganzen Wecken vom Birnen Franzl, einem guten Kameraden, geschenkt, was mich sehr freute.

21. Mai. Am Vormittag war ärztliche Visite, aber für mich gab es da nichts Neues. Ich muss mich immer noch schonen, auch soll ich viel schlafen und tüchtig essen. Aber die Ärzte haben leicht reden. Am Nach-

mittag war Gartenfest, woran ich auch teilnahm. Die Regimentsmusik spielte beim Spital flotte Märsche, auch wurden viele Liebesgaben an uns Kranke verteilt. Am Abend gab es wieder viele Betrunkene, die teilweise unter den Tischen lagen. Auch ich war recht lustig und froh, dass ich mich einfach in mein Bett legen konnte. Schlafen konnte ich nicht viel, denn bis tief in die Nacht wurde gesungen und geschrieen.

22. Mai. Ich erhielt einen langen Brief von meinem Liebchen. Ich hatte viel Zeit zum Lesen und zum Spekulieren. Auch blieb ich den ganzen Tag im Bett, weil ich starke Kopfschmerzen hatte.

23. Mai. Nach der ärztlichen Visite wurde ich schon wieder gemustert fertig zum Kader. Man entschied, dass ich erst am 30. Mai wieder den vollen Dienst aufnehmen sollte. Am Nachmittag war ein Konzert, dem ich zuhörte. Ich ging auch in die Stadt und in die Kirche, wo ich lange sitzen blieb und meinen Gedanken nachhing.

24. Mai. Heute war mir den ganzen Tag zeitlang. Den ganzen Tag war ich allein unter lauter Ungarn, mit denen ich mich nicht unterhalten konnte. Da spekuliert man verschiedenes.

25. Mai. Heute war es nicht viel besser. Ich bekam schon Kopfschmerzen von dem vielen ungarischen Geplapper. Von den jungen Rekruten, welche erst vor ein paar Wochen einrückten, wurden viele ins Spital gebracht, weil sie auf dem Exerzierplatz von den vielen Strapazen einfach umfielen. Sie wurden so sehr gescheucht wie ich schon so oft, und so konnte ich den armen Burschen gut nachfühlen.

26. Mai. Ich kam ins Lager, hatte aber nichts weiter zu tun als dumm herumlaufen und spekulieren. In der 22. Baracke blieb ich über Nacht.

27. Mai. In der Frühe musste ich auf und den ganzen Tag warten auf den Doktor. Ich war schon richtig ärgerlich, weil ich mir sehr dumm dabei vorkam. Dann wurde
ich als vollkommen gesund anerkannt und zur 4. Ersatzkompanie zugeteilt. Damit war es endlich vorbei mit dem Lumpenleben. Ich musste viel herumrennen, bis ich alle meine neuen Vorgesetzten kannte. Bei der

Nacht schlief ich auf einer Bank, weil kein Platz für mich war. Es war alles schrecklich überfüllt und ein großer Rummel, da war es besser, etwas abseits zu sein.

28. Mai. Ich hatte den ganzen Tag dienstfrei, aber leider regnete es sehr, so konnte ich nichts unternehmen. Ich hockte deswegen nur in einer Hütte herum, wo mir wieder schrecklich zeitlang war.

29. Mai. Heute wurde ich zum Zimmerdienst eingeteilt, wo auch nicht viel los war. Ich lief immer wieder auf der Post herum und hoffte, eine Nachricht von Zuhause zu bekommen, aber das war immer umsonst. So brachte ich wieder einen ganzen Tag herum, ohne etwas Gescheites getan zu haben.

30. Mai. Den einzigen Befehl, den ich erhielt, war mit ein paar Leuten um Brot fahren. Den ganzen Tag waren wir unterwegs, bis wir wieder mit der Menage ins Lager kamen. Dabei wurde ich auch richtig satt.

31. Mai. Ich hatte Beichtdienst und war fleißig am Herumlaufen. In der Nacht musste ich noch mit anderen Holz fassen.

1. Juni. Heute hatte ich Zimmerdienst. War recht gemütlich. Ich hatte viel Zeit für mich und las ein paar Briefe von daheim.

2. Juni. Mit der Faulenzerei hatte es heute ein Ende, denn es ging wieder hinaus auf die Schinderwiese oder Exerzierplatz. Eigentlich sollte ich noch gar nicht ausrücken, aber ich bekam es mit einem damischen (verrückten) Feldwebel zu tun. Mit dem zerstritt ich mich fürchterlich und es hätte nicht viel gefehlt und ich wäre handgreiflich geworden. Er erinnerte mich sehr an den verrückten Major, mit dem ich schon zu tun hatte. Er wollte mich fürchterlich dressieren, aber ich ließ ihn einfach stehen und drohte, mich über ihn zu beschweren. Ich konnte nur hoffen, dass das keine Folgen für mich haben würde.

3. Juni. Heute war Kirchgang, den ich wieder nicht ausließ. Die Kirche gab mir jedesmal die Kraft, die ich brauchte, um alles auszuhalten, und

auch die Hoffnung, wieder nach Hause zu kommen. Am Nachmittag bekam ich Inspektion. Ich musste meine Montur und meine ganze Ausrüstung kontrollieren lassen und wurde dabei segiert. Ich glaube, ich hatte das dem narrischen Feldwebel zu verdanken.

4. Juni. Ich hatte wieder Zimmerdienst, aber keine Ruhe. Laufend kam der Spieß und wollte etwas Neues von mir, sodass ich immer fleißig herumlaufen musste. Das ging den ganzen Tag so und am Abend war ich schrecklich müde und die Füße taten mir weh.

5. Juni. Heute war es dasselbe. Immer nur herumlaufen, Leute suchen oder etwas fortbringen oder holen. Bis ein Uhr mittag ging das so, dann hatte ich endlich dienstfrei. Ich ging in meine Baracke und schlief den restlichen Tag.

6. Juni. Es ging wieder auf den Exerzierplatz, damit wir nichts verlernen, wie ein Leutnant meinte. Wir wurden den ganzen Vormittag herumgescheucht und segiert, egal, was wir machten, alles war falsch. Am Nachmittag hatten wir dann eine Feuerwehrübung. Die war ganz interessant, aber auch da wurden wir behandelt wie Deppen.

7. Juni. Auch heute mussten wir auf den Exerzierplatz, weil wir so miserable Soldaten waren. Und wir wurden wieder schrecklich segiert, bis ein paar Männer von den Anstrengungen ohnmächtig umfielen. Dann bekamen wir eine Pause, aber dann ging es gleich wieder weiter. In der Nacht bekam ich Brückenwache, was mich sehr ärgerte.

8. Juni. Heute ging es zum Schießen auf die Schießstätte. Das war auch wieder so ein Rummel. Die Linke wusste nicht, was die Rechte tat. Lange warten, bis man endlich an die Reihe kam. Ich habe ganz gut getroffen, trotzdem wurde ich beschimpft, dass ich dem Vaterland zu teuer komme, weil ich so viel Munition danebenschieße. Das musste ich mir sagen lassen von einem, der noch nicht einmal an der Front war.

9. Juni. In aller Herrgottsfrühe kam ich zur Marschkompanie. Den ganzen Tag machte ich nichts anderes als Rüstung fassen. Es ging alles schrecklich langsam und mir war richtig zeitlang.

10. Juni. Heute war wieder fleißig exerzieren. Wir mussten alles machen, was zu den Tugenden des Soldaten gehört und wurden dabei schrecklich dressiert. Ein General kam auch vorbei und sah uns eine Weile zu. Dann schüttelte er den Kopf, sagte, wir wären ein elender Sauhaufen und der Feind würde sich totlachen, wenn er uns zusehen könnte. Dann ging er wieder und wir wurden schrecklich beschimpft und noch mehr angetrieben. Vor allem der damische Feldwebel benahm sich unmöglich, nicht zum Beschreiben.

11. Juni. Pfingstsonntag. Am Vormittag war Kirchgang, am Nachmittag ging ich lange spazieren und hing wieder meinen Gedanken nach. Ich dachte an meine Lage und wie weit weg ich von zu Hause war. Ich betete darum, bald für immer nach Hause zu kommen.

12. Juni. Den ganzen Tag fleißig dressieren am Exerzierplatz. Wir wurden behandelt, als ob wir es alle das erste Mal machten. Es war schlimm. Die Offiziere und Chargen behandelten uns nicht wie Menschen, sondern wie Tiere.

13. Juni. Am Vormittag noch einmal exerzieren. Man sagte uns, nur weil wir so blöd sind. Wir sind alle selber schuld, ein elender Sauhaufen und eine Schande für unser Vaterland. Der Teufel soll das alles holen! Ich war ganz kaputt und marod. Am Nachmittag hatten wir den Befehl, alle Mann zum Beichten gehen.
14. Juni. Am Morgen sammelten wir uns an der Kapelle zur Predigt. Dann wurde eine Ansprache gehalten und wir mussten schwören. Wir bekamen auch schrecklich viel zum Tragen, als wir den restlichen Tag marschieren mussten.

15. Juni. Auf dem Exerzierplatz herumjagen mit ganzer Rüstung bis am Nachmittag um drei Uhr. Das war eine Schinderei, nicht zum Beschreiben. Viele blieben liegen, weil sie nicht mehr konnten, wurden beschimpft und mit Schlägen vorwärtsgetrieben. Danach gab es eine elende Menage, und schon ging es weiter auf dem Exerzierplatz. So behandelt man nicht einmal seinen ärgsten Feind, so wie man mit uns umsprang.

Wenn man uns schon umbringen will, warum erschießt man uns dann nicht einfach? Das geht viel schneller und einfacher.

16. Juni. Und wieder auf den Exerzierplatz hinaus. Die Maroden wurden einfach hinausgetrieben, mussten auch mitmachen. Ich war schon ganz kaputt, spürte meine Füße nicht mehr und alle Knochen im Leib taten mir weh. Trotzdem hielt ich mit eisernem Willen und letzter Kraft durch bis zum Schluss. Danach gab es eine lange Belehrung über Gasangriff, was wir da machen mussten. Das ist auch so eine Gemeinheit, wie sich nur die Menschen ausdenken können.

17. Juni. Heute hatten wir eine Marschübung gegen Neusiedl, die aber sehr anstrengend war. Es ging immer bergauf und bergab und durch vielen dichten Wald. Auch wurden wir immer angetrieben und keine Pause wurde uns gegönnt. Wir trugen das ganze Sturmgepäck und das gab auch noch einen schmerzenden Rücken und weiche Knie. Ich bin nur neugierig, wie lange ich diese Strapazen noch durchhalten werde.

18. Juni. Heute wurden wir furchtbar dressiert und segiert wie dumme Schulbuben. Den ganzen langen Tag über mussten wir nur Antreten. Immer zur Baracke hinausrennen, strammstehen und sich beschimpfen lassen, weil wir viel zu langsam waren. Ich wurde ganz verrückt dabei. Auch war Belehren über den Marsch, wie man es richtig macht und nicht so wie wir.

19. Juni. Im größten Regen mussten wir ausrücken und Schwarmlinien machen, im größten Dreck über Stock und Stein. Wir sahen bald aus wie die Schweine, nicht wiederzuerkennen. Aber die Offiziere kannten kein Erbarmen mit uns und sagten, wenn der Feind kommt, können wir uns das Wetter auch nicht aussuchen. Als wir wieder heimkamen, konnten wir vor lauter Dreck und Morast nicht mehr richtig laufen und fast nicht mehr zu den Augen hinaussehen. Ich war so müde, ich wäre einmal beinahe im Stehen eingeschlafen.

20. Juni. Heute ging es wieder einmal auf die verhasste Schinderwiese. Ich war immer noch ganz kaputt vom vielen Dressieren, hielt aber wak-

ker mit. Wir mussten immer das gleiche wiederholen, dass ich davon bald im Traum verfolgt wurde. Danach war allgemeines Baden, weil wir wieder aussahen wie die Schweine, und Gewehr putzen.

21. Juni. Der ganze liebe lange Tag war verregnet und, oh Wunder, wir durften alle in unseren Baracken bleiben. Ich war recht froh deswegen, denn so konnte ich mich etwas ausruhen. Bei der Nacht aber, als der Regen nachließ, hieß es auf und marschieren nach Barnadoc.

22. Juni. Fronleichnamstag. Natürlich war ich wieder in der Kirche. Der Nachmittag war schrecklich lange. Ich dachte wieder an die ferne Heimat, die Lieben daheim und auch an die liebe Marie. Und ich wünschte mir wie schon so oft, bei ihnen zu sein und nicht hier im Felde. Und dass bald dieser unsinnige und leidige Krieg ein Ende findet. Auch schrieb ich einen langen Brief.

23. Juni. Heute war das scheußlichste Exerzieren, das ich je mitmachte, fast nicht zu beschreiben. Wir wurden gescheucht, als ob es das letzte Mal wäre und man uns alle umbringen wollte. Viele tapfere Männer blieben am Boden liegen und konnten nicht mehr weiter, aber die Offiziere kannten kein Erbarmen. Wir rannten Berge hinauf, krochen durch den größten Dreck, dann wieder Salutieren und Defilieren und Schwarmlinien machen. Am Abend war ich so kaputt, dass ich nicht mehr alleine stehen konnte. Ich hatte die Nase voll vom Militär und wollte nur noch ganz weit fort und nichts mehr wissen von dieser schrecklichen Welt.

24. Juni. Schon wieder dieselbe elende Lausarbeit. Da sollte doch der Teufel dreinfahren! Die allgemeine Moral war geschwunden, jeder schrie jeden an, aber am lautesten die Offiziere und die Chargen. Es war nicht mehr zum Aushalten. Die Soldaten, die krank und kaputt waren und sich beim Regimentsarzt meldeten, wurden gar nicht angeschaut und gleich wieder zurückgeschickt. Ich war auch dabei. Auch wurden wir fürchterlich ausgeschimpft, weil wir das gemacht haben. Und wir wurden weiter dressiert, bis noch mehr Männer kaputt liegen blieben. Ich dachte nicht, dass ich diesen Tag überleben würde.

25. Juni. Heute wurden wir Gott sei Dank geschont, doch wurde eine Allgemeinreinigung befohlen. Ich habe meine ganze Montur in der Leiter gewaschen, auch bin ich selber hineingesprungen, weil mich alles furchtbar juckte. Ich bin bald schlafen gegangen und habe sehr schnell um mich herum nichts mehr mitbekommen.

26. Juni. Heute war wieder Exerzieren, aber Gott sei Dank nicht so lang und nicht so schlimm. Dafür mussten wir danach Deckung machen bis zum Abend. Das war auch eine Knochenarbeit und der Schweiß floss in Strömen. Am Abend rissen wir dann alles wieder ein, die Übung war zu Ende.

27. Juni. Wir hatten heute ein abwechslungsreiches Programm. Zuerst hatten wir Schule. Uns wurde gesagt, wie wir uns verhalten müssen in bestimmten Situationen, wenn wir auf den Feind treffen, als ob ich das nicht schon längst gewusst hätte. Danach übten wir stundenlang Gewehrgriffe und wurden dabei behandelt wie Deppen. Auch wurden wir alle zum Baden geschickt, weil wir nicht mehr zum Anschauen waren. Zum Schluss war noch eine richtige Scheißvisite, die für alle Soldaten peinlich war. Es ist schon unglaublich, was man sich beim Militär alles gefallen lassen muss.

28. Juni. Heute wurden wir alle fleißig schikaniert, egal, was wir machten. Es war wieder zum Davonlaufen. Auch machte ich wieder einen Spitalsgang, aber ohne Erfolg.
29. Juni. Heute war es dasselbe. Wir wurden schikaniert und angeschrieen, dass man sich fast fürchten musste, einem Offizier überhaupt unter die Augen zu treten. Ich war ganz marod und kaputt, konnte fast nicht mehr. Aber die Ärzte winkten nur ab und schickten mich zurück. Bei der Nacht lungerte ich herum, zu müde, um wach zu bleiben und zu wach, um zu schlafen. Wenn ich doch nur zu Hause sein könnte!

30. Juni. Bis abends war wieder Exerzieren, die Offiziere waren ganz verrückt. Es hätte nicht mehr viel gefehlt und ich wäre auch wie so viele Kameraden liegen geblieben.

1. Juli. Heute war es noch ärger, ich hätte es nicht für möglich gehalten. Wir mussten alle an unsere letzten Kraftreserven gehen. Wenn man doch nur schon wegfahren könnte! An der Front ist es nicht so schlimm als hier im Lager, wo es den Offizieren zu wohl wird. Außerdem wird man dort auch nicht so unmenschlich behandelt wie hier.

2. Juli. Ich war in der Kirche und bat Gott um einen schnellen Frieden. Danach wusch ich mich ausgiebig und ging in die Stadt spazieren. Ich musste unbedingt etwas anderes sehen, sonst wurde ich noch verrückt.

3. Juli. Und schon wieder nur fleißig exerzieren. Die Offiziere bekamen nicht genug. Am Nachmittag baden. Außerdem wurden wir streng marschbereit versetzt, durften das Lager nicht mehr verlassen und mussten auf weitere Befehle warten. Ging es jetzt wieder gegen den Feind?
4. Juli. Eine große Übung war angesagt. In der Nacht wurden wir schon aus dem schönsten Schlaf gerissen und bis zum Tagesanbruch verging die Zeit vor lauter Fasten und Antreten. Man wollte uns wohl schon wieder im Hinterland zugrunde richten. Wir bekamen noch Schneebrillen, Steigeisen und Bergstiefel ausgeteilt und Gott weiß, was auf uns wartet. Die Rüstung war unmenschlich schwer. Wir marschierten ein paar Stunden durch die Umgebung und hatten lange Belehrungen. Die Offiziere waren alle nervös und gereizt, schrieen bei jeder Kleinigkeit. Auch am Abend hatten wir keine Ruhe, mussten marschbereit sein.

5. Juli. Endlich brach der Schreckenstag an, auf den wir schon so lange gewartet haben, wir waren aber froh darüber. Vielleicht hatte jetzt die dumme Schinderei ein Ende. Um drei Uhr in der Frühe war Abmarsch an der Baracke. Wir mussten Ausrüstungsgegenstände schleppen wie Mulis. Auf der verhassten Schinderwiese versammelten wir uns noch einmal, um zu schwören. Danach wurde furchtbar gelaufen.
Im Gewaltmarsch ging es um 11 Uhr zum Bahnhof. Der Zug fuhr auf der Wiener Strecke bis Neusiedl, dort zweigten wir ab. Um 3 Uhr waren wir in Bodenbach-Landeck. Danach kam Albergendorf. Um 5 Uhr waren wir in Wiener Neustadt. Dann kamen Neukirchen, dann Glocknitz, hernach fünf Tunnels, dann Glamm, Fürth, Schottering, drei Tunnels, Breitenstein, vier Tunnels, dann Wolfsbergkogel, ein Tunnel, dann Sem-

mering, drei Tunnels. Ich war neugierig und gespannt, wo diese Reise hingehen sollte und gemeinsam mit den Kameraden spekulierte ich darüber.

6. Juli. Um 6 Uhr früh kamen wir in Marburg an, Station Prager Stelle. Zwei Tunnels. Dann kam Cilly, ein wirklich schönes Städtchen. Mittags um 12 Uhr in Steinbrücken war Menage. Um 4 Uhr Salach, um 5 Uhr waren wir in Laibach, der Hauptstadt in Grein. Danach kam Adelberg. Um 11 Uhr abends wurden wir in St. Peter auswaggoniert. Das sind nur einige größere Stationen, die ich zur Erinnerung niedergeschrieben habe. Danach wurde eine Stunde lang marschiert, was mir sehr gut tat. In Peitschendorf blieben wir in einem Schuppen über Nacht.

7. Juli. Rasttag. Den ganzen Tag war Dienst. Am Nachmittag hatte ich Stationswache und bei der Nacht hatte ich Arrestantenwache. Alles war ruhig und ich hatte viel Zeit zum Spekulieren.

8. Juli. Bis Mittag hatte ich Dienst, dann war für mich nicht mehr viel los. Ein wenig Salutierübungen am Nachmittag, das war alles. Nach den unmenschlichen Übungen in den letzten Tagen war das die reinste Erholung für unsere geschundenen Körper.

9. Juli. Sonntag. Am Morgen hatten wir eine Schulung, danach war Kirchgang. Am Nachmittag hatte ich mich und meine Montur gewaschen und hörte zum ersten Mal in der Ferne den Kanonendonner. Ganz schwach hörte man es schießen von der Front. Mir wurde ganz bange dabei. Für mich stand fest, dass es nicht mehr lange dauern würde, bis es wieder auf Leben und Tod ging.

10. Juli. Es war ein sehr heißer Tag, trotzdem mussten wir wieder exerzieren. Danach marschierten wir auf einen hohen Berg bei St. Peter, wo wir Deckungen und Stellungen besichtigten, damit wir Bescheid wussten, falls der Feind losschlagen sollte. Auch waren Minenwerfer eingebaut. So wie es aussah, war alles gewappnet für einen heißen Empfang.

11. Juli. Ein wenig Exerzieren und viel Belehrungen, das war alles heute. Der Kanonendonner aus der Ferne erinnerte uns dabei stets an die drohende Gefahr. So gingen wir mit dem nötigen Ernst zur Sache. Danach hatten wir frei und konnten uns schonen. Ich schlief viel.

12. Juli. Üben, üben, üben hieß heute die Devise. Zuerst Gewehrgriffe klopfen, damit wir damit richtig umgehen konnten, danach Gefechtsstellung. Das war wieder eine schweißtreibende Angelegenheit, aber auch langweilig. Wir sollten wohl wieder nur beschäftigt werden.

13. Juli. Große Gefechtsübung stand auf dem Programm. Wir wurden von brüllenden und schimpfenden Chargen durch die Gegend gescheucht. Auch übten wir uns im Handgranatenwerfen, dass es nur so krachte. Das war ein Spektakel, nicht zum Beschreiben. Jetzt wusste wohl auch der Feind, dass wir hier in der Nähe lagen.

14. Juli. Wir hatten wieder eine große Übung, es war aber sehr heiß. Wir schwitzten sehr dabei, hielten aber alle tapfer durch.

15. Juli. Erst am Vormittag kamen wir durchnässt vor Schweiß im Lager wieder an, wo wir uns bis zum Nachmittag ausruhen konnten. Danach war Scharfschießen. Die Kugeln pfiffen uns nur so um die Ohren, und wenn man nicht traf, wurde man fürchterlich beschimpft. Die Menage wurde auch immer schlechter und das Brot täglich weniger. Aber es war immer noch besser als voriges Jahr, als ich noch bei den 45ern in Serbien war.

16. Juli. Es wurden technische Truppen ausgesucht, um aus uns Spezialisten zu machen. Ich wurde zum Maschinengewehrkurs bestimmt. Danach war Kirchgang. Um 3 Uhr marschierten wir ab ins nächste Dorf. Auf einem großen Heuboden wurden wir einquartiert. Alles wimmelte nur so von Militär, lauter Ungarn, Kroaten und auch 91er, denen ich auch einmal angehörte. Wir waren viele Deutsche, aber leider keine Bekannten. Ringsherum standen einige kleine Dörfer, die alle eine Kirche hatten. Mir war schrecklich bange, lag im Schatten und war in Gedanken vertieft weit weg in der lieben Heimat.

17. Juli. Heute ging die Schule los. Als erstes kam der Sattelmodel 94, danach wurde das Maschinengewehr studiert und den Sattelmodel. Um 7 Uhr abends Nachexerzieren. Es gibt schrecklich viel zu lernen, doch die Instruktoren sind soweit gemütlich und geduldig.

18. Juli. Den ganzen langen Tag über wurde über die Sättel gelernt. Mir rauchte der Kopf und in der Nacht träumte ich davon.

19. Juli. Heute wurde über das Maschinengewehr studiert, wie man es auseinander- und wieder zusammenbaut und wie es richtig funktioniert. Auch stiegen wir mit dem Instrument auf den Berg bei St. Peter hinauf, um dort die Übungen fortzuführen und Distanzmessungen zu machen.

20. Juli. Auch heute war wieder Schule, aber diesmal nicht über das Maschinengewehr. Wir wurden belehrt über die Feuerstaffel und vieles mehr. Ich wusste schon gar nicht mehr, wo mir der Kopf stand.

21. Juli. Wieder verschiedene Schulungen über allerlei Dinge. Man müsste einen großen Kopf haben, schrecklich groß zum Lernen. Der Wirbel war groß, mir rauchte der Kopf vor lauter Lernen.

22. Juli. Heute hatten wir eine Übung oben auf den Bergen. Mit Hurra rannten wir hinauf und machten Schwarmlinien. Später war dann schon wieder Schule und dann allgemeine Reinigung.

23. Juli. Den ganzen Tag nur fleißig lernen.

24. Juli. Genauso.

25. Juli. Wieder Belehrung über Feuerstaffel, diesmal samt Pferde, wo uns auch noch erklärt wurde, wie man mit ihnen umzugehen hat. Danach war Übungsschießen. Immer dasselbe machen wurde allmählich langweilig. Warum rückten wir nicht endlich gegen den Feind vor? Wollte man uns vielleicht noch ein wenig Angst machen?

26. Juli. Wir, die wir für den Maschinengewehrkurs ausgesucht wurden, mussten uns mit ihm einschießen, was nicht so einfach war. Vor lauter Durchschütteln trafen wir fast nichts und wurden deswegen ausgeschimpft. Stundenlang verpulverten wir wertvolle Munition. Danach weitere verschiedene Schulungen.

27. Juli. Scharfschießen mit dem Gewehr und mit dem Maschinengewehr. Das war ein Spektakel. Wohin man kam, lauter Lärm und Gestank, nicht auszuhalten. Ich hatte am Abend richtig Kopfschmerzen davon.

28. Juli. Heute war Übung auf den Bergen. Im strammen Marsch und in Schwarmlinien gingen wir hinauf, bezogen verschiedene Stellungen und machten Gewehrübungen. Immer wieder Stellungswechsel machten mich ganz kaputt, weil ich immer das schwere Maschinengewehr tragen musste. Ich war froh, als wir am Abend wieder in unserem Lager waren.

29. Juli. Wieder Geländeübungen, wo wir die ganze Zeit getrieben wurden, bis ein paar Männer wieder fast liegen blieben. Es war schon schlimm. Ich hätte am liebsten das schwere Maschinengewehr weggeworfen, weil es mich beim Sturm nur behinderte. Ich war immer hinten bei den Letzten und musste dabei die schlimmsten Beschimpfungen erdulden. Ich wurde ganz kaputt und marod davon. Danach wieder im Lager Schulung und dann Reinigung von Gerät und Montur.

30. Juli. Sonntag. Am Vormittag hatte ich Schulung, der Kirchgang war gestrichen. Danach habe ich meine Sachen gewaschen und einen langen Brief nach Hause geschrieben.

31. Juli. Im strammen Marsch bezogen wir Feuerstellung und übten einmal mehr den Ernstfall durch. Auch gingen wir in Schwarmlinien gegen einen Berg vor, was uns auch wieder viel Schweiß kostete. Aber ich war immer vorne bei den Ersten.

1. August. Wir waren wieder beim Scharfschießen und hatten danach verschiedene Übungen. Es war immer dasselbe, etwas Neues fiel den Offizieren auch nicht ein. Aber es klappte heute alles schon ganz gut,

auch wenn die Offiziere mit uns nicht zufrieden waren. Aber das sind sie ja nie.

2. August. Heute war es nicht mehr menschlich beim Exerzieren. Wir wurden durch die Umgebung getrieben, um Schwarmlinien zu machen, dann stundenlang Salutieren und Marschieren, mitsamt den Pferden, die bei dem vielen Geschrei und Geschimpfe auch ganz nervös wurden. Einige Kameraden wurden sogar geschlagen von polnischen Chargen, wenn sie zu langsam waren oder einfach nicht mehr konnten. Wir wurden behandelt wie dumme Schuljungen und stundenlang beschimpft. Ich betete zu Gott, dass dieser unmenschliche Drill bald aufhörte, sonst wusste ich nicht mehr, was ich tat.

3. August. Den ganzen Vormittag waren wir beim Scharfschießen, war auch wieder anstrengend mit dem schweren Maschinengewehr. Aber so langsam gewöhnte ich mich daran, machte mir auch das Rütteln nichts mehr aus. Auch die Treffer wurden immer besser, was auch ein Offizier lobend erwähnte. Nachmittags hatte unser Bataillon Befehl, im nahen Wald Holz zu machen und Wasser zu tragen zu der Küche. Wenn das geholfen hätte, dass die Menage besser wird, hätte ich dabei für zehn gearbeitet.

4. August. Es war ein sehr heißer Tag, fast nicht zum aushalten. An der Front wurde es immer ärger. Den ganzen Tag hörten wir furchtbaren Kanonendonner. Mir war ganz bang, wenn ich da so zuhörte. Wann ging es wohl auf, dem Feind entgegen? Gegen Abend bezogen wir auf dem Schießstand Feuerstellung, was den Offizieren natürlich wieder viel zu langsam ging.

5. August. In der Frühe regnete es sehr, worüber ich mich sehr freute, weil es sehr erfrischte. Bis um 10 Uhr hatten wir Schule, danach marschierten wir zweieinhalb Stunden weit nach Adelberg. Dort konnten wir uns die berühmten und sehenswürdigen Grotten ansehen, was sehr interessant war. Um 7 Uhr abends kamen wir wieder im Lager an und waren alle hundemüde. Anstatt mich ausruhen zu dürfen, bekam ich noch Stationswache.

6. August. Bis Mittag hatte ich Wachtdienst, am Nachmittag musste ich zum Scharfschießen gehen. Mit dem Feiertaghalten war es da nichts.

7. August. Am Exerzierplatz machten wir wieder viele Übungen, dass wir ganz schön schwitzten. Auch hatte ich wieder Schulung, diesmal über das italienische Maschinengewehr. Falls es uns gelang, Beute zu machen, mussten wir das ja auch beherrschen.

8. August. Insgesamt fünf Feuerstellungen mussten wir beziehen, schrecklich grob genug ging es auch wieder zu, fast nicht zu beschreiben. Wir wurden wieder fürchterlich beschimpft und angetrieben. Wenn da doch nur endlich der Teufel dreinfahren würde! Dann wäre endlich Ruhe. Man drohte uns auch mit Nachtdienst, wenn wir uns nicht anstrengen würden.

9. August. Heute früh war Alarm, gerade, als ich ausrücken wollte in der Frühe. Das war ein großer Rummel. Alles rannte und brüllte durcheinander, jeder wusste es besser. Es musste alles schnell zusammengepackt werden zum Abmarsch. Danach wurden wir noch schnell geprüft über die technischen Kurse, ob wir auch alles wussten, wenn es soweit kam. Ich war ganz marod und nervös und um 7 Uhr waren wir endlich reisefertig. Wir marschierten nach St. Peter, wo wir den halben Tag am Bahnhof herumhockten. Um 12 Uhr kam endlich unser Zug. Wir fuhren auf der Strecke in Richtung Küste, danach gegen Görz. Unterwegs wurden wir von einem Trommelfeuer von italienischen Fliegern empfangen. Der Zug hielt an und wir mussten zur Sicherheit alle ins Gebüsch. Wir hatten Glück, alle Mann kamen wir noch nach Nagresina. Von dort ging es weiter nach Balie und nach Boriatschko. Dort wurde Rast gemacht. Ich war hundemüde, konnte die Augen fast nicht mehr aufhalten. Dazu gab es keine Menage, außerdem waren wir alle über und über voll Staub. Auch tobte bei uns an der Front ein entsetzliches Geschützfeuer, an Schlaf war da nicht zu denken.

10. August. In der Frühe marschierten wir stramm weiter gegen die Front. In einem Tal bei Corittio wurde um 8 Uhr gelagert. Wir fanden aber keine Ruhe hier, denn wir wurden andauernd mit Schrapnells beschossen

und auch etliche Flieger umkreisten uns und ließen ihre tödlichen Grüße auf uns herab. Abends mussten wir vorgehen in die dritte Stellung, und nach dem Hundemarsch ging es auf Arbeit. Um 5 Uhr früh kamen wir endlich ganz kaputt an.

11. August. Wir kamen schon wieder zurück. Wir hatten auch schon ein paar Verluste. Am Tag hatten wir eine Rast, man konnte aber nicht schlafen wegen dem heftigen Donner der vielen Geschütze, Dazu war es auch wieder unerträglich heiß und alles voll Flieger, die uns nicht in Ruhe ließen. Wir lagen in der Richtung von Kermiano bei Dobietro.

12. August. Bei der Nacht war ein heftiges Feuer, das bis in die Frühe andauerte. Bis zum Nachmittag hatten wir Ruhe, dann kam plötzlich Alarm. Unser Bataillon war sofort marschbereit. Ich kam zur Maschinengewehrabteilung und musste gleich wieder ein schweres Maschinengewehr schleppen. Um 8 Uhr abends marschierten wir über Sello nach Czesrovitzca. In einer Schlucht wurde Freilager gemacht.

13. August. Heute wurde ich neu eingeteilt und kam zur vierten Abteilung. Danach hatte ich frei, es war mir aber sehr zeitlang. Ich legte mich ins Gras in den Schatten und sinnierte über meine Lage. Der Kampf an der Front dauerte an, es gab keine ruhige Minute.

14. August. Wir hatten heute verschiedene Arbeiten zu erledigen, aber meist nur, um die Zeit totzuschlagen. Abends musste ich in die Stellung gehen mit den Tragtieren, beladen mit der ganzen Menage für die Kameraden dort. Gegen Morgen kamen wir todmüde ins Lager zurück.

15. August. Maria Himmelfahrt. Wir hatten überhaupt keine Ahnung von einem Feiertag. Ich lag ein wenig krank auf meiner Pritsche und horchte bange dem Kanonendonner zu. Wann nur hörten die Menschen endlich auf, sich gegenseitig totzuschießen? Wussten sie denn überhaupt noch, warum sie aufeinander schossen? Die Flieger belästigten uns sehr, wir mussten immer damit rechnen, dass sie uns beschossen. Abends beschoss uns der Feind mit schweren Granaten. Alles rannte durcheinander, man wusste gar nicht mehr, wo man sich decken sollte. Es gab auch

ein paar Verwundete, aber glücklicherweise keine Toten. Und ich hatte wieder starke Kopfschmerzen und bange Gedanken.

16. August. Den ganzen lieben langen Tag machte ich wenig, blieb ich auf meiner Pritsche liegen. Aber das war nicht sehr gemütlich, alles war voll Fliegen, Läuse und Infektionen. Abends musste ich mit ein paar Kameraden in die Stellung marschieren mit ganzer Marschausrüstung. Das war sehr gefährlich, denn der Feind schoss ohne Unterlass. Heil kamen wir an und in einer Doline blieben wir über Nacht.

17. August. Heute war es wieder sehr heiß. Die Sonne brannte erbarmungslos vom Himmel und machte uns den ganzen Tag sehr zu schaffen, genauso wie die feindliche Artillerie. Sie nahm uns den ganzen Tag schwer unter Beschuss, ohne allerdings größeren Schaden anzurichten.

18. August. In der Frühe regnete es und brachte Erfrischung mit. Den ganzen Tag hockte ich mit ein paar Kameraden in einem besseren Fuchsloch, einmal wurden wir durch furchtbares Trommelfeuer beschossen. Aber wir hatten wieder einen Schutzengel dabei, sodass uns nichts passierte.

19. August. In der Frühe wurde es endlich ruhiger. Den ganzen Tag aber lagen wir bis über die Ohren im Kot und im Dreck und trauten uns nicht heraus.

20. August. Gleich zum Tagesgrauen wäre es beinahe um uns geschehen gewesen. Die feindlichen Granaten flogen ganz nahe heran, sodass die Steine und Eisen über uns und in unser Loch flogen. Je länger der Tag dauerte, desto ärger wurde es. Wir sollten eigentlich bald abgelöst werden, aber erst um 1 Uhr in der Nacht marschierten wir weg über einen sehr hohen Berg zurück nach Korianskobalkostinotscha. Das war auch wieder so eine Geschichte für sich. Wir sahen nicht die Hand vor Augen und stolperten über Stock und Stein. Nicht selten, und ich fiel der Länge nach auf den Boden. Etwa 100 Kameraden und mir passierte das Malheur, dass wir die Verbindung zu unserer Einheit verloren. Bis zum Morgen irrten wir im größten feindlichen Feuer herum und stan-

den Höllenängste durch. Dann endlich fanden wir unser Bataillon wieder und wurden fürchterlich ausgeschimpft. Aber zum Glück war alles gutgegangen.

21. August. Es gab viel zum Reinigen nach dem langen ungemütlichen Aufenthalt in dem Dreckloch. Dabei konnte man sich nicht genug dekken vor den vielen feindlichen Fliegern. Es verging keine Stunde, in der wir nicht angegriffen und beschossen wurden. Auch der Artilleriekampf dauerte an.

22. August. Der heutige Tag war auch so ein Himmelfahrtskommando für uns. Obwohl der Feind uns immer noch angriff, erhielten wir den Befehl, auf Arbeit zu gehen. Eine Straße mussten wir breiter machen. Es war ein Wunder, dass nichts passiert war dabei.

23. August. Heute machten wir nicht viel, aber, welch ein Jammer, die ganze Zeit mussten wir vor den feindlichen Fliegern in Deckung gehen. In der Nacht hieß es dann wieder arbeiten. Das Artilleriefeuer dauerte an, Tag und Nacht. Ich war schon ganz marod von dem ewigen Geschieße und Geknatter. Wenn doch nur schon alles vorbei wäre!

24. August. Bei Tag wurde nichts gemacht, jeder Mann verkroch sich brav in seiner Deckung und rührte sich nicht, um nicht aufzufallen und sich zu verraten. Doch in der Nacht ging es wieder los arbeiten.

25. August. Auch heute blieben wir wieder in den Baracken. Im Freien durften wir uns nicht blicken lassen wegen den feindlichen Fliegern. Um die Zeit totzuschlagen und die allgemeine Nervenbelastung zu vermindern, wurde so gut es ging die Lage normalisiert. Wenn einem Soldaten etwas fehlte, wurde er damit neu ausgerüstet. Auch mussten wir unsere Monturen richten.

26. August. Heute war allgemeine Reinigung. Ich hatte Pech und Inspektion. Bei der Nacht war mir sehr zeitlang, konnte nicht schlafen und kam ins Spekulieren.

27. August. Sonntag. Es wurde eine Feldmesse abgehalten, ich hatte jedoch Dienst und konnte leider nicht gehen, was mich ganz traurig machte. Am Nachmittag schrieb ich in mein Tagebuch und meinen Lieben in die Heimat. Wenn ich doch nur bei ihnen sein könnte! Das wäre mein größtes Glück!

28. August. Heute war eine neue Einteilung, ich kam dabei zum dritten Gewehr. Wir waren von den Fliegern verraten worden und wurden andauernd beschossen. Unsere Artillerie erwiderte zwar tapfer das Feuer, es nützte aber nicht sehr viel, es blieb brandgefährlich. In der Nacht kam auch noch ein sehr starkes Gewitter dazu.

29. August. In aller Frühe gingen wir arbeiten in die Doline. Wir machten aber nur wenig. Es war hier zwar recht schön bei den heißen Tagen, aber leider auch sehr gefährlich.

30. August. Heute war ein schreckliches Artilleriefeuer, bei dem ich mich aus meiner Deckung nicht heraustraute. Und ich betete zu Gott, dass Freund und Feind endlich die elende Munition ausging.

31. August. Den ganzen Tag tobte ein starkes Gewitter und Regen, Regen, Regen. Man konnte glauben, wir sollten davon geschwemmt werden. Doch das Feuer dauerte unvermindert an. Wir gingen täglich arbeiten, hatten aber alle schlechten Hamur. Wer wollte uns das verdenken?

1. September. Heute war es wieder schön. Kein Regen fiel, die Sonne strahlte am blauen Himmel. Auch war es friedlich um uns herum, wir wurden nicht beschossen. Nur das schreckliche Donnern der Geschütze in der Ferne störte da. Jedenfalls konnten wir es wagen, uns auch am Tage im freien Gelände zu bewegen.

2. September. Am Morgen ging es wieder auf Arbeit. Doch heute konnte man sich wieder nicht retten vor den vielen Fliegern. Die meiste Zeit lagen wir in unseren Deckungen. Abends waren wir baden. Auch ging das Gerücht um, dass wir wieder in die Stellungen gehen sollten.

3. September. Sonntag. Es war wieder ein heißer Tag, fast nicht auszuhalten. Wir versteckten uns vor der Sonne so gut wir konnten und natürlich auch vor den feindlichen Fliegern, schliefen und faulenzten. Abends mussten wir wieder in die Stellung marschieren und auf einen hohen steilen Berg hinauf, genannt Kotte 144. Dazu mussten wir die Gewehre samt der ganzen Ausrüstung hinaufschleppen. Mir war etwas bange, was uns wohl erwartete, aber meine Angst blieb unbegründet. Die ganze Nacht war es sehr ruhig.

4. September. In der Früh war ich ganz kaputt und hockte müde in einer geräumigen Felsenhöhle. Den ganzen Tag schlug ich die Zeit tot mit Schlafen und Spekulieren. Das feindliche Geschützfeuer wurde gegen Abend immer ärger. Die Nacht verbrachten wir Gott sei Dank in besserer Deckung, sodass uns nichts passierte.

5. September. Heute war es wieder ruhiger, vielleicht ist dem Feind die Munition ausgegangen. Abends gingen wir in die Doline, wo wir bis in die Frühe im Dreck und Wasser hockten. Das war sehr unangenehm, aber was soll man machen, wenn man an der Front ist?

6. September. In der Frühe wurde es sehr gefährlich. Der Feind schoss uns auf einmal in die Doline hinein. Ich machte mich ganz klein und betete zu Gott, nicht getroffen zu werden. Und ich wurde wieder erhört. Wir hockten täglich im Dreck und im Kot, fluchten darüber und hofften, dass es endlich aufhörte mit der Schießerei. Abends ging es im Regen wieder auf den Felsen.

7. September. In der Nacht arbeiteten wir ein wenig in der Deckung. Das ging aber nicht sehr lange, denn wir waren zu sehr sichtbar durch den Vollmond und bei den Fliegern, die mit eingeschalteten Scheinwerfern suchten. Bis zur Mittagsstunde war es ganz ruhig, doch dann ging ein heftiges Geschützfeuer los. Ich hatte sehr viel Glück, was ich Gott nicht genug danken kann. Wir bekamen einen schweren Treffer ab, die Steine stürzten ein und verschütteten unseren Graben, darunter auch ein paar Kameraden. Ich flog seitwärts, wurde aber glücklicherweise nur am rech-

ten Ohr zerkratzt. Bis zum Abend war es sehr gefährlich, doch Gott im Himmel beschützte mich wieder.

8. September. Ich war ganz nervös und hatte furchtbare Kopfschmerzen, aber darauf wurde wieder keine Rücksicht genommen. Ich musste sogar eine Deckungsmauer errichten. Zum Glück wurde es wieder ruhiger, aber nur bis zum Abend, da nahm das Schießen wieder zu. Ich stand wieder am Posten und hoffte, nicht als Zielscheibe benützt zu werden.
9. September. In aller Herrgottsfrühe mussten wir wieder den Gewehrstand wechseln, denn am Felsen war es nicht mehr zum Bleiben. Das gegnerische Feuer kam immer näher heran und unsere Schüsse vermochten dagegen nichts auszurichten. Den Tag über war es an unserem neuen Standort ganz gut, aber am Abend wurde es wieder sehr gefährlich. Wir lagen alle in Deckung, erwiderten das Feuer und blieb dem Feind nichts schuldig. In der Nacht hockte ich in der Doline auf einem Steinhaufen. Es ging sehr eng zu, es war kein Platz vorhanden, denn wohin man auch schaute, überall lagen Verwundete und warteten auf die Ärzte, die mit dem Arbeiten nicht mehr nachkamen. Das war ein Klagen und Jammern, nicht zum Aushalten. Dieses Bild werde ich auch so schnell nicht vergessen.

10. September. Heute war Maria Namen, aber Feiertagsgefühle kamen in mir keine auf. Dazu war auch gar keine Zeit. Wir arbeiteten den ganzen Tag im Schützengraben, besserten ihn aus und machten ihn breiter, damit man besser laufen konnte. Abends wurde das feindliche Feuer immer schrecklicher und gefährlicher. Die ganze Nacht war es sehr schlimm, ein richtiges Himmelfahrtskommando. Man musste nicht nur einmal um sein Leben fürchten. Ich versteckte mich so gut es ging, machte mich ganz klein und betete um mein Leben.

11. September. Das Geschützfeuer dauerte unvermindert an. Ungezählt sind die Toten und Verwundeten auf beiden Seiten, ungezählt auch die Schüsse aus den Kanonen. Ich war schon ganz krank von dem Lärm, wäre am liebsten davongelaufen. Heimlich schrieb ich auch in mein Tagebuch. Bis jetzt hatte ich noch unverschämtes Glück gehabt, bis auf ein paar harmlose Kratzer ist mir noch nichts passiert. Aber wie lange wird

das noch gut gehen? Und wie lange soll diese sinnlose Schießerei, dieser dumme Krieg noch weitergehen? Dieses ganze Elend ringsum, muss das sein?

12. September. Heute war es kein bisschen besser. Wohin man auch schaute, überall krachten die Kanonen mit ohrenbetäubendem Lärm, überall die großen und kleinen Explosionen, herumfliegende Steine und spritzender Dreck. Man musste jede Sekunde höllisch aufpassen. Ich war ganz kaputt vor lauter Getöse und dem elenden Gestank überall. Außerdem konnte ich schon seit ein paar Tagen nicht mehr schlafen vor lauter Lärm und Aufregung. Auch hatte ich furchtbare Kopfschmerzen. Ich ging zur Marodenvisite, aber dort wurde ich nur fürchterlich beschimpft. Ich sollte mich schämen, ohne einen Kratzer zu ihnen zu kommen. Ohne mich anzuschauen wurde ich als diensttauglich anerkannt und sofort wieder in die Stellung zurückgeschickt. Ich hätte heulen können über so viel Ungerechtigkeit.

13. September. Die Lage war unverändert schlecht. Trotz dem andauernden Feuer und Hagel arbeiteten wir fleißig im Felsen, um unsere Stellung zu verbessern. Ich fühlte mich hundsmiserabel, hungrig, müde und ohne Schlaf, das können die Nerven nicht mehr lange mitmachen. Wann hörte das nur endlich auf?

14. September. Man möchte es nicht glauben, aber es wurde sogar noch schlimmer. Es begann ein furchtbares Trommelfeuer, der Katzelmacher kannte kein Erbarmen und begann eine neue Offensive. Die Kanonen machten überhaupt keine Pause, schossen ununterbrochen. Unsere Artillerie schoss zwar tapfer zurück, konnte aber nicht viel dagegen ausrichten. Es war ein furchtbarer Lärm, man verstand sein eigenes Wort nicht mehr. Und dann die Toten und vielen Verletzten! Es wurden täglich mehr. Am Tag war es schon furchtbar, in der Nacht aber war es unbeschreiblich. Ein schreckliches Gewitter war aufgezogen, der heftige Regen schien alles ertränken zu wollen. Und das Blitzen am Himmel wechselte sich mit dem Blitzen der Explosionen ab. Man wurde ganz blöd dabei.

15. September. Heute war immer noch dasselbe schreckliche Feuer. Freund und Feind wollten einfach nicht nachlassen. Gott möge uns beschützen! Es ist nicht mehr zu beschreiben, so schlimm ging es hier zu. Der ganze Berg war eine einzige Pulverwolke, Steine, Dreck und Eisen umschwirrten uns pausenlos. Wohin man auch schaute, überall waren Volltreffer. Es ist schon ein großes Wunder, dass mir bis jetzt noch nichts passiert ist.

16. September. Immer der gleiche Kampf, aber tapfer wurde Angriff auf Angriff von uns abgewiesen. Es war wieder ein schrecklicher Tag. Andauernd bekamen wir frische Reserven, aber es nützte nicht viel, immer wieder wurde alles gnadenlos zusammengehauen. Auf beiden Seiten gab es viele Tote. Auch mussten wir zwei Maschinengewehrstellungen einbüßen, weil sie durch Volltreffer verschüttet wurden. Dafür mussten wir andere umso mehr schießen. Wir zielten gar nicht mehr, schossen nur noch. Diese Tage werden mir wohl immer unvergesslich bleiben.

17. September. Heute war ein schreckliches Kampfgetümmel, es war grauenhaft! Es waren die ersten Kämpfe, in denen es Mann gegen Mann ging. Das Abschlachten lässt sich nicht beschreiben, und es ist eigentlich nicht denkbar, dass dabei ein Mensch überhaupt noch überleben kann. Mir war richtig schlecht dabei vom Zuschauen, musste mich sogar dabei übergeben. Zum Glück durfte ich mein Maschinengewehr nicht verlassen und musste immer nur schießen, schießen, schießen. Auch die ganze Nacht dauerte dieses sinnlose Gemetzel an. Auf beiden Seiten gab es viele Haufen von Leichen, meistens blutjunge Burschen, die ganz frisch an die Front kamen. Wenn das noch lange so weitergeht, werde ich noch verrückt. Es ist nicht mehr zum Aushalten!

18. September. Das tödliche Ringen dauerte unvermindert an, den ganzen langen Tag. Am Abend wurden wir endlich abgelöst. Normalerweise hätten wir ja vor Freude gejubelt, aber wir waren viel zu kaputt dazu. Wir waren am Boden zerstört und bereits zusammengehauen. Das war ein schrecklicher Rückmarsch, wir konnten kaum noch gehen, ich taumelte immer wieder wie ein Betrunkener. Viele Kameraden, die noch ein bisschen mehr Kraft hatten als ich, trugen eine furchtbare Last. Sie halfen schwerverletzten Kameraden, mehr tot als lebendig und blutend, aus der

Gefahrenzone herauszukommen. Niemand sprach ein Wort, nicht einmal die Offiziere und die großmäuligen Chargen, es war wie auf einer Beerdigung. Und rings um uns das andauernde heftige Feuer und Regen in Strömen, als ob der Himmel uns nach all dem Leid ertränken wollte.

19. September. In der Frühe, bei Tagesgrauen, kamen wir aus dem größten Feuerbereich heraus. Ich atmete richtig auf und dankte in Gedanken Gott dafür, dass ich noch lebte. In einer verlassenen Doline versammelte sich unser Bataillon, um zu rasten. Du lieber Gott, wie traurig schauten wir nur aus! Wir waren einmal stolze 1000 Männer gewesen, tapfer und zu allem entschlossen, davon waren nur noch etwa 100 Mann übriggeblieben. Wir waren auch alle ganz kaputt, konnten kaum mehr die Augen offen halten. Dazu von oben bis unten ganz verdreckt, fast nicht wiederzuerkennen. Vom Hunger will ich gar nicht anfangen. So ein schreckliches Elend hat die ganze Welt noch nicht gesehen! Gott möge sich uns armen Menschen erbarmen!
Wir blieben bis zum Abend hier, um zu rasten und die Verwundeten zu versorgen, das ganze Regiment. Dann war Abmarsch. Wir marschierten etwa zwei Stunden weit in das kleine Dorf Bresnic bei Malina. Dort wurden wir in einer elenden Bude einquartiert. Nach etlichen schweren Tagen in Todesgefahr konnten wir endlich wieder ein wenig schlafen. Ich war unbeschreiblich froh und schlief wie ein Bär.

20. September. Am Morgen regnete es stark, deshalb blieben wir in unseren Baracken hocken. An der Front wütete weiter ein furchtbarer Kampf. Der Kanonendonner hallte bis zu uns herüber. Wir hockten in einer elenden Klause, Bauch und Kopf ganz leer, und machten den ganzen Tag nichts anderes als Jagd auf die elenden Lausviecher, die keine Ruhe gaben. Dazu das Stöhnen und Jammern der verwundeten Kameraden. Um die Zeit totzuschlagen erzählten wir uns gegenseitig von Zuhause und Erlebnisse. Dabei wurde mir das Herz ganz schwer. Ob ich je wieder nach Hause kam zu meinen Lieben? Was sie wohl jetzt gerade alle machten?

21. September. In der Früh war wieder starkes Regenwetter, es floss auch durch das Dach. Wir wurden wieder marschbereit versetzt, aber erst um

6 Uhr abends marschierten wir ab, etwa eine Stunde weiter zurück bis nach Balie. Dort wurde uns ein schönes Quartier zugewiesen, es war nur schade, dass sehr wenig Platz war. Auch gab es hier wieder Ärzte, die uns alle genau anschauten und sich richtig um uns kümmerten. Der Rummel hier war immer noch sehr groß, auch gab es einen guten Wein zu kaufen, genau das Richtige in unserer Situation. Die ganze Nacht konnte ich nicht schlafen, zu viele schreckliche Gedanken spukten in meinem Kopf herum.

22. September. Am Morgen wurde allgemeine Reinigung befohlen. Wir hatten es aber auch bitter nötig, so verdreckt und zerlumpt wir aussahen. Auch die Gerätschaften waren zu putzen, die wir die ganze Zeit mitgeschleppt hatten. Der Herr Leutnant war schrecklich wild und tobte die ganze Zeit, weil wir zwei Maschinengewehre verloren hatten. Von den Verletzungen und Entbehrungen sprach er aber kein Wort.

23. September. Heute mussten wir, was uns bestimmt kein Mensch glauben möchte, Exerzieren und Salutierübungen machen. Wir hatten uns noch nicht einmal richtig erholt von den Strapazen und schon wurden wir neuen ausgesetzt. Es ist nicht zu beschreiben, wie wir dabei behandelt wurden. Aber was soll man machen? Das verlangt man von alten ausgerackerten Kriegern, da kann man nichts machen. Wir wurden angetrieben und beschimpft, es ist nicht zu glauben.

24. September. Sonntag. In aller Früh nichts als Reinigen und Herrichten der zerlumpten Monturen. Es sollte alles wieder wie neu sein, was aber ganz unmöglich war. Um 10 Uhr gingen wir alle in die Kirche, wo es sehr schön war in St. Balie. Nach dem Kirchgang stellten wir uns auf und der Herr Leutnant fotografierte uns. Alles in allem war es ein schöner Tag. Am Nachmittag hatte ich frei. Ich schrieb in mein Tagebuch und begann einen Brief. Den Rest des Tages legte ich mich in die Sonne und schlief. Auch das Donnergrollen von der Front störte mich nicht weiter.

25. September. Heute war Dekorierung einiger Mannschaften, danach allgemeines Entlausen und Baden. Am Nachmittag kam der Befehl, dass ein Zug in die Stellung zurückgehen muss. Mir war sehr bange, denn

lange wusste man nicht, welcher Zug daran glauben muss. Um 3 Uhr am Nachmittag marschierte schließlich der erste Zug ab. Ich war froh, denn ich war beim dritten Zug. Wir haben stattdessen bis zum Abend Munition geputzt.

26. September. Ich hatte heute schreckliche Angst, denn schon über acht Tage bekam ich keine Post mehr von der Heimat. Den ganzen Tag gab es nicht viel Arbeit, ich hatte viel Zeit zum Ausruhen und zum Spekulieren. Mit großer Sehnsucht dachte ich dabei an die Heimat und an den Frieden, den Gott uns bald senden möge. Denn es konnte so nicht weitergehen.
27. September. Auch heute war nicht viel los, obwohl die Front nah und das Donnern der Geschütze nach wie vor laut war. Ich nützte die Zeit, um den lange entbehrten Schlaf nachzuholen und schrieb so manches. Auch versuchte ich zu dichten, was aber sehr schwer war.

28. September. Heute erhielt ich zu meiner großen Freude jede Menge Post von daheim und von meiner großen Liebe sechs Karten und genauso viele Briefe. Während der vielen Kampfhandlungen war die Post irgendwo liegengeblieben, und jetzt erst wurden die vielen Adressaten erreicht. Für so manchen tapferen Mann kam die Post allerdings zu spät. Viele Männer waren marod und gingen zur Visite. Sie bekamen Pülverchen und Tabletten und wurden für gesund erklärt. Nach all den schweren Tagen war die Ruhe und das Nichtstun die beste Medizin, wieder gesund zu werden.

29. September. Heute war mein Namenstag, aber ich war der einzige, der das zur Kenntnis nahm. Es blieb wieder ruhig für und um uns. Es wurde nur frische Munition gefasst und Verschiedenes umgeändert, wie zum Beispiel die verschiedenen Kompanien und Züge. Mich betraf das weniger, ich blieb beim alten Zug.

30. September. Auch an diesem Tag ging es uns ganz gut. Wir hatten nicht viel Arbeit, auch die Menage war genug. Das Lager durften wir aber nicht verlassen, nicht einmal zu einem kleinen Spaziergang. An der Front

tobte immer noch ein lebhaftes Feuer, und wir wurden jede Minute daran erinnert, wie nahe wir an ihr dran waren.

1. Oktober. Wir waren heute in der Kirche, dann hatten wir frei. Ich genoss den schönen warmen Herbsttag, bummelte im Lager umher und las wieder wie so oft meine Briefe, um in Gedanken zu Hause zu sein. Abends bekamen wir neun neue Maschinengewehre geliefert.

2. Oktober. Unsere heutige Aufgabe bestand in erster Linie darin, alle Maschinengewehre und auch die eigenen Gewehre zu putzen, bis sie blitzten und blinkten. Auch hatte ich verschiedene kleine Botengänge zu verrichten. Die Offiziere waren soweit ganz gemütlich, wenn auch ein wenig hektisch. Man kann eben die Zeichen der Zeit nicht verleugnen.

3. Oktober. Es war wieder ein sehr schöner sonniger Tag, aber auch wieder ein großer Wirbel. Das 31. Regiment kam an und richtete sich ein für eine längere Zeit bei uns im Lager zu bleiben. Wir aber hatten eine kleine Übung im Gelände, mit Schwarmlinien machen, Tarnen und vielem mehr. Die Offiziere meinten, damit wir das nicht vergessen würden und wir nicht vor lauter Nichtstun einrosteten. Am Nachmittag mussten wir aus unseren Unterkünften auswandern in elende Buden. Auch wurde es, je länger der Tag andauerte, immer gefährlicher für uns. Es beschossen uns wieder die feindlichen Flieger mit ihren Bomben.

4. Oktober. Zunächst wurden wir frisch eingeteilt, anschließend war Kirchgang. Den ganzen Tag war es nach den gestrigen Angriffen verdächtig friedlich gewesen, bis eben auf den nahen Kanonendonner von der Front. Am Abend dann war aber Alarm. Es hieß schnell alles zusammenpacken und sofort in die Stellung gehen. Das war ein ganz grässlicher Marsch. Im größten Artilleriefeuer bahnten wir uns unseren Weg, immer darauf gefasst, von einer überraschenden Kugel getroffen zu werden. Auch war es sehr schlecht zu laufen, weil wir durch Wälder und Wiesen marschierten und wir dabei immer stolperten. Wir bildeten schließlich den linken Flügel von Kotte 144. Es war ein elendes Terrain und die schützenden Gräben allesamt zusammengehauen.

5. Oktober. Heute war ein sehr schrecklicher Tag, als müssten wir für die letzten ruhigen Tage büßen. Den ganzen Tag waren wir dem größten und fürchterlichsten Trommelfeuer ausgesetzt, das man sich vorstellen kann, nicht zum Beschreiben. Wir hatten schreckliche Verluste und es ist ein großes Wunder, dass ich wieder keinen Kratzer abbekommen habe, obwohl ich mit an vorderster Linie lag.

6. Oktober. Es war zwar heute ein wenig ruhiger, aber trotzdem nach wie vor brandgefährlich. Wehe, es streckte einer seinen Kopf aus der Dekkung! Was da wohl noch auf uns zukommen wird? War das wieder so was wie die Ruhe vor dem Sturm? Was heckte der Feind Neues aus? Mir war ganz bang und ich betete wieder, dass dieses sinnlose Abschlachten endlich aufhören möge.

7. Oktober. Heute war wieder ein ganz furchtbarer Tag, als sollte die Welt endlich untergehen. Die feindlichen Granaten hauten uns die ganzen Minen zusammen. Gliedmaßen getroffener Kameraden und Blut spritzten fast pausenlos in der Luft herum und die ganze Zeit hallten mir die Todesschreie tapferer Männer in den Ohren. Man konnte sich nirgends mehr in eine Deckung retten. Auch der Eingang der Kaverne war eingestürzt. Wir hatten furchtbar viele Verluste, aber Gott beschützte mich wieder und ich blieb gesund. Ich musste irgendwie einen Stein im Brett bei ihm haben, anders kann ich mir mein großes Glück nicht mehr erklären. Wir waren nur noch einige wenige Mann, aber auch alle ganz kaputt. Wenn wir nicht ganz schnell Verstärkung bekamen, dann war es auch um uns geschehen.
Wir mussten uns noch bis in die Nacht einer drückenden Übermacht erwehren, bis wir endlich abgelöst wurden. Um 2 Uhr in der Nacht gingen wir zurück. Das war auch so ein furchtbarer Akt. Es war stockfinster und zurück ging es über Stock und Stein und durch Gebüsche, denn man sah die Hand vor Augen nicht. Wir stolperten durch Gräben und Granatenlöcher und fluchten darüber wie Rohrspatzen. Dazu herrschte starker Regen, der uns noch zusätzlich behinderte. Begleitet wurde unser trauriger Haufen von einem heftigen Feuer, rechts und links von uns schlugen die Geschosse ein. Unsere müden Beine fanden keinen rechten Weg und dazu mussten wir schrecklich schwer tragen an unseren Gerät-

schaften, was uns behinderte und langsam machte. Und auf allen Seiten wimmerten Verwundete und Sterbende und baten um Hilfe.

8. Oktober. Um 8 Uhr am Morgen kamen wir total erschöpft in Zaroble an. Wir waren alle hundemüde, hungrig und hatten einen schrecklichen Durst, auch waren wir nicht zum Ansehen, so zerlumpt und verdreckt wir aussahen. In Zaroble sättigten wir uns wieder einmal ausgiebig. Es war ja auch genügend Menage vorhanden, denn, leider, viele Kameraden waren nicht mehr bei uns. Nach der Menage hatten wir ein paar Stunden lang Ruhe, wo wir etwas Schlaf nachholten. Auf einer geschützten Wiese wurden die vergangenen schrecklichen Tage besprochen und die toten Kameraden beklagt. Am Nachmittag marschierten wir weiter zurück nach Kaderessina, dort wurden wir in einem Haus einquartiert. Bei der Nacht hatten wir Ruhe, doch ich konnte lange Zeit nicht einschlafen. Zuviel Schreckliches habe ich erlebt und gesehen, um gleich vergessen zu können.

9. Oktober. Wir richteten die Gewehre und Requisiten her, damit man alles wieder anschauen konnte, waren aber alle noch ganz kaputt und auch ganz aufgeregt. Von der Front klang ununterbrochen ein furchtbares Trommelfeuer, es war unerhört, wie es krachte. Die ganze folgende Nacht donnerte es in einem fort, es war nicht mehr zum Aushalten.

10. Oktober. In der Frühe und den ganzen Tag dauerte das furchtbare Feuer an. Die Luft zitterte und die Erde erbebte von den schweren Geschossen. Alle Berge ringsum waren in Rauchwolken gehüllt. Wie klein und ängstlich muss da der Mensch werden! Gott möge sich ihrer armen Seelen erbarmen! Am Abend waren wir schon wieder marschbereit in die Stellung zurück. Frische Kompanien wurden auch eingesetzt. Ich aber wurde von den Offizieren begnadigt und durfte nicht mit. Ich war nämlich krank geworden. So schlief ich auf einem verlassenen Heuboden im größten Fieber.

11. Oktober. Am Morgen wurde es etwas ruhiger an der Front, aber nicht lange. Je länger der Tag andauerte, wurde es wieder schlimmer. Es

ist unglaublich, dass hier überhaupt noch Menschen leben können. Ich lag den ganzen Tag auf meinem Lager und fieberte und bekam das meiste um mich herum nicht mit.

12. Oktober. Ich hatte schreckliche Kopfschmerzen, ich glaubte, mein Kopf würde mir zerspringen. Trotzdem war auch ich wieder marschbereit, denn das Fieber war verschwunden. Gegen Mittag marschierten wir weg nach Wölle. Der Ort lag nahe an der Front. Um 4 Uhr kamen wir dort an. In einer Doline wurde gelagert. In der Nacht stand ich auf Posten. Mir war dabei sehr bange, denn es herrschte starke Artillerietätigkeit, und ich war stets auf der Hut vor verirrten Kugeln.

13. Oktober. Heute war es etwas ruhiger. Den ganzen Tag machte ich wenig und war die ganze Zeit bei sehr schlechter Laune. Einmal maulte ich auch einen Feldwebel an, aber es gab Gott sei Dank kein Nachspiel. In der Nacht war es zum ersten Mal richtig kalt, ein Vorbote für die kommende kalte Jahreszeit.

14. Oktober. Es wurde ein sehr warmer Tag und an der Front war es etwas ruhiger. Ich machte nicht viel, bloß immer warten, warten, warten, was mit der Zeit auch auf die Nerven ging. In der Nacht hatte ich wieder Dienst.

15. Oktober. Kirchweihfest. Wie dachte ich an vergangene Zeiten, als ich mit meinen Freunden an diesem Tag feierte und mit den Mädchen tanzte! Wie schön war das jedesmal gewesen. Die Brust presste es mir zusammen und das Herz klopfte bis zum Hals. Wo sind alle meine Lieben in der fernen lieben Heimat? Wie geht es ihnen? Ob sie gerade feiern? Oder sitzen sie zu Hause und haben die gleichen Gedanken wie ich? Am Abend ging ich in die Stellung mit der Menage für die armen Kameraden dort. Das war auch immer eine große und gefährliche Tour.

16. Oktober. Der heutige Tag war auch wieder eine Komödie für sich. Es herrschte ein heftiges Gewitter und es regnete furchtbar. Alle Dolinen waren ein einziger See. Wir mussten mit unseren Zelten auswandern, denn es war nicht mehr zum Bleiben hier. Es war auch ein großes Durch-

einander, der eine lief hin, der andere lief her und keiner wusste so recht, wohin. Jeder suchte aber ein trockenes Plätzchen.

17. Oktober. Ein neuer Wirbel wurde veranstaltet, wie immer, wenn die Offiziere nicht wussten, was sie machen sollten. Diesmal wurden unsere Züge neu eingeteilt, aber es waren überall zu wenig Mannschaften, egal, wie man es auch probierte. Auch gab es immer verschiedene Arbeiten zu erledigen, wo wir auch immer zu wenig Leute waren. Mir ging es wieder soweit ganz gut, das Fieber war abgeklungen. Soweit war ich ganz zufrieden.

18. Oktober. Heute war es sehr gefährlich. Lauter Flieger, wohin wir auch schauten. Man konnte sich nicht genug vor ihnen decken. Immer wieder warfen sie ihre Bomben auf uns herab, mal weiter weg, mal ganz nah. Gegen Abend wurde es etwas ruhiger und ich musste wieder in die Stellung mit Menage. Wir wurden dabei auf dem Hin- und Rückweg immer wieder beschossen, kamen aber alle glücklich und unversehrt wieder zurück.

19. Oktober. Das einzige Nennenswerte, das heute war, war der starke Sturm, der über das Land fegte. Zwei Zelte riss er sogar ab und wehte er davon. Sonst war der Tag nicht so schlimm, auch der Lärm an der Front war nicht so heftig wie sonst. Fast eine Wohltat.

20. Oktober. Der Sturm tobte heute so stark, dass er sogar uns kleine Steine in die Gesichter peitschte. Abends brachte ich wieder mit ein paar Kameraden Menage in die Stellung, wo es immer irgendeinen Wirbel gibt. Der Kampf war immer noch ziemlich ruhig. Ich fand das etwas verdächtig. War das wieder so eine Art Ruhe vor dem Sturm? Was brütete der Feind an neue Gemeinheiten aus?

21. Oktober. Heute wurde unser ganzes Regiment abgelöst. Ich war ganz froh und erleichtert darüber. Um 8 Uhr marschierte unser zerlumpter und müder Haufen geschlossen ab, beim größten Regen und bei Hundekälte. Obwohl wir alle unser Etappenziel kannten, verliefen wir uns etliche Male. Die Offiziere, die uns führten, ärgerten sich sehr darüber und

fluchten und schimpften immer wieder, aber mir war es egal. Solange es nicht zurück zur Front ging, ging ich gerne überall hin mit, am liebsten natürlich aber nach Hause.

22. Oktober. Die ganze Nacht irrten wir noch durch die Gegend bis um vier Uhr am Morgen, dann kamen wir endlich hundemüde, voller Dreck und total durchnässt an unserem Ziel Wegidol an. Dort wurden wir auf einem scheußlichen Boden einquartiert. Zum Glück wurde es doch noch ein schöner Tag, aber es wurde auch ein großer Rummel. Es ist schon ein reiner Graus, wie es bei uns 91ern zugeht, fast nicht zum Beschreiben. Den ganzen Tag mussten wir schwer arbeiten, Misthaufen wegräumen und Latrinen herrichten, kurz und gut lauter Dreck wegräumen, was andere Truppen vor uns liegengelassen haben. Abends mussten wir alle noch einmal antreten, der Herr Major Rauns kam. Er machte eine Belehrung, denn es hieß, es solle seine Exzellenz Erzherzog Ferdinand höchstpersönlich kommen. Das war dann auch noch eine große Überraschung für uns.

23. Oktober. Schon um 4 Uhr war Tagwache. Die Offiziere waren alle sehr nervös, denn heute war der große Tag. Mit voller Marschausrüstung marschierten wir gen Komero. Die ganze Division kam hin, aus allen Himmelsrichtungen strömten die Soldaten zusammen. Das war dann ein Belehren und Segieren, nicht zu denken. Gegen Mittag endlich kam seine Hoheit mit vielen Herren und Generälen in Begleitung. Alles wurde inspiziert und ein Oberst hüpfte aufgeregt vorne draus, seiner Exzellenz alles zu erklären, was er zu sehen bekam. Viele Soldaten wurden dekoriert für ihre große Tapferkeit, es waren aber alles nur Offiziere. Am Nachmittag, nachdem seine Exzellenz wieder davongefahren war, marschierten auch wir wieder zurück. Dann war noch allgemein Montur und Gewehre herrichten.

24. Oktober. Heute war Gewehrputzen und verschiedene Inspektionen. Kaum waren wir damit fertig und hatten die Menage hinter uns gebracht, hatte ich schon wieder einen ganz scheußlichen Inspektionsdienst, als Vorgeschmack, denn wir waren schon wieder marschbereit. Den Dreck hatten wir ja auch schon weggeräumt für die nachfolgenden Soldaten.

Ein ganzes Tschuschendorf hatten wir gereinigt sowie in der Nacht immer einen Pferdestall, um die Langeweile zu bekämpfen.

25. Oktober. In der Frühe war Abmarsch über Berie gegen Brosischko bis in ein nettes Städtchen, am Strand der Adria gelegen und Sankta Krotscha genannt. Dort wurden wir einquartiert. Der Wirbel war riesengroß, weil wieder viel Militär anwesend war. Auch gab es hier einen ganz ausgezeichneten Wein und viele bildschöne Maderln, die die Herzen höher schlagen ließen. Leider blieb ich hier nur über Nacht.

26. Oktober. Ich musste mich impfen lassen auf der Brust, danach wurde ich dem 1. Zug zugeteilt und sogleich marschbereit gemacht, um in die Stellung zu gehen. Ein anderer Soldat, ein elendiger Feigling, drückte sich und war dafür verantwortlich, dass ich da hineingeworfen wurde, für ihn musste ich die bittere Pille schlucken. Ich bebte vor Wut und hätte alles zusammenschlagen können, aber leider gab es kein Sträuben. Gott möge mich beschützen! Um 3 Uhr marschierten wir ab nach St. Bolai, von dort nach Marvinice, wo die Feuerstaffel des ersten Zuges lagerte. In seinem Zelt ließ mich ein Kamerad schlafen.

27. Oktober. Heute regnete es wieder sehr. An der Front herrschte ein schwerer Kanonendonner. Wir waren mit dem Maschinengewehr den

31. zugeteilt. Am Nachmittag wussten wir nicht mehr, wo wir uns decken sollten. Der Feind schoss uns bis ins Lager hinein und wir mussten rennen wie die Hasen, um nicht einfach abgeschossen zu werden. Abends hatte ich den Befehl, mit einem Tragepferd in die Stellung zu gehen mit der notwendigen Menage für die Kameraden dort. Da hieß es aber wieder laufen im größten Feuer.

28. Oktober. In aller Frühe herrschte beiderseits ein mächtiges Artilleriefeuer. Wir marschierten weg, um 11 Uhr waren wir in St. Polkai. Dort mussten wir warten auf weitere Befehle. Wir zogen in eine Holzbude ein, mussten aber bald wieder raus. Gegen Abend gingen wir wieder in die Bude zurück. Da wussten wahrscheinlich ein paar Offiziere wieder nicht, was sie befehlen sollten.

29. Oktober. Es regnete wieder furchtbar. Es war nur gut, dass wir nicht in der Stellung waren. Es war Kirchgang, danach eine neue Einteilung. Ich war einstweilen Reserve und das beruhigte mich doch sehr, denn ich hoffte auf Ruhe und wenig Kontakte mit dem Feind.

30. Oktober. Wir machten heute wieder nicht sehr viel. Allgemein hieß es, wir sollten uns erholen, wahrscheinlich zu neuen Kämpfen. Es war ohnehin sehr lebhaft an der Front. Ich hatte Zeit, wieder in mein Tagebuch zu schreiben und an die ferne Heimat zu denken.

31. Oktober. Es war ein sehr schöner Tag, aber leider nur, was das Wetter betraf. Am Nachmittag bekam ich den Dienst als Tageskorporal aufgebrummt, weil es immer zu wenig Chargen gab, wenn man mal welche wirklich brauchte. Da hieß es laufen wie ein Hund, wegen jedem Mist wurde ich hin und her gejagt, das war nicht mehr schön. Auch gab es einen furchtbaren Fliegerkampf, zum Teil über unserem Lager, zum Teil ganz in der Nähe und alles ganz gut zu beobachten. Viele feindliche Flieger umkreisten und beschossen uns. Aber auch unsere Flieger kämpften tüchtig. Auch Granatenfeuer bekamen wir immer mehr ab. Bei der Nacht kam auch noch ein furchtbares Trommelfeuer dazu. Es war nicht zum Aushalten. Viele Tote und Verwundete gab es auf beiden Seiten.

1. November. Heute hatte ich Dienst bis Mittag. Das heftige Feuer dauerte an in unverminderter Stärke. Trotzdem war Kirchgang, wohin nur die ganz Gläubigen mit den besten Nerven hingingen. Am Nachmittag hatte ich mit einem saugroben Sanitätskorporal unseres 2. Zuges zu tun, mit dem ich lange herumstritt, eigentlich wegen nichts.
Um 3 Uhr war Alarm der 91er. Der Rummel, der dabei entstand, war nicht zu beschreiben. So schnell es ging eilte alles, was Beine hatte und laufen konnte, gegen die Front. Ich marschierte mit einem kleinen Trupp bis Walle und in einer Doline blieben wir über Nacht. Der Katzelmacher durchbrach unsere Front an mehreren Stellen. Was wir den ganzen langen Tag ausstanden, ist unerhört und glaubt uns wohl auch kein Mensch. Wir hatten viel zu arbeiten und dazu immerzu das schreckliche Feuer.

2. November. Auch heute war es den ganzen Tag schrecklich. Die Kampfeshandlungen gingen ohne Unterbrechungen in einem fort. Nun wurden wir auch in der Reserve arg beschossen. Wir wussten schon fast nicht mehr, wo wir uns überall decken sollten. Ich betete immer wieder, dass dieses sinnlose Geschieße und Gemetzel endlich aufhören und wieder Frieden ins Land einkehren möge. Denn so kann es nicht mehr weitergehen.
3. November. In der Frühe wurde es etwas ruhiger, aber nicht sehr lange. Der Katzelmacher griff danach immer ärger an. Das war ein Lärm und ein Heulen und ein Gestank, als ginge die Welt unter und die Hölle wollte uns alle auf einen Satz verschlingen. Aber die Unseren wichen keinen Zentimeter zurück und beantworteten jede Kugel und jede Granate mit gleichem. Am Abend musste auch ich in die Stellung mit ein paar Kameraden. Wir wurden schon unterwegs arg beschossen und konnten dabei in der Dunkelheit lange Zeit unsere Leute nicht finden. Irgendwann stolperten wir fast über sie, denn sie hatten alle überhaupt keine Stellung mehr und jeder lag frei im größten feindlichen Beschuss. Einige Steine und etwas Reisig dienten als Maskierung. Ich kam mit Gott glücklich und unversehrt wieder zurück, aber viele tapfere Männer werden nie wieder zurückkommen und liegen bleiben.

4. November. In der Frühe hieß es zunächst, wir wollten aus der Doline auswandern und in eine bessere Deckung gehen, denn es war hier sehr gefährlich und wir mussten in jeder Sekunde um unser Leben bangen. Dann blieben wir aber doch bis abends. Mir war dabei schrecklich bange die ganze Zeit und die ganze Zeit vollauf bewusst, dass ich in jedem Moment vielleicht mit meinem Leben abschließen musste. Ich hockte im Schutz einer kleinen Grotte und schrieb in die liebe Heimat mit Sehnsucht im Herzen. Abends wurde endlich übersiedelt in eine andere Doline zu unserem Schutz, aber dort war es kein bisschen besser. Der Artilleriekampf dauerte unvermindert an. Wir wurden von allen Seiten arg beschossen. Aber am meisten machten uns immer die elenden Flieger zu schaffen.

5. November. Den Tag über war es ruhiger, was eine große Wohltat war. Ob vielleicht der heftige Regen daran schuld war und der Katzelmacher

plötzlich wasserscheu war? Wir mussten aber den ganzen Tag trotz des miserablen Wetters herumlaufen und Baracken bauen. Dazu die Kälte; ein Wunder, dass man sich da keine Grippe oder Lungenentzündung holte. Abends steigerte sich das Feuer wieder und es wurde wieder für alle Mann gefährlich. Ich lag in meinem einigermaßen trockenen Zelt und horchte mit bangem Herzen dem Spektakel zu. Dann schrieb ich meinem Liebchen und meiner Familie in der fernen Heimat und wünschte mich sehnsüchtig zu ihnen. Danach war mir ein bisschen leichter.

6. November. Den ganzen Tag hatten wir fleißig zu tun, meistens viele kleine, unnütze Dinge, aber Hauptsache, wir waren beschäftigt und etwas abgelenkt. Die Gewehre und Kanonen sorgten für eine schlechte Unterhaltungsmusik. Am Abend war ein großer Wirbel wegen einer Sauferei, bei der es zu Streitigkeiten kam. Ein paar Chargen, die nicht mehr gerade stehen konnten, wollten mit ein paar Kameraden gegen den Feind anrennen und siegen. Es gab dabei auch Schläge, aber ein Hauptmann sorgte bald für Ruhe. Später hieß es auch noch marschieren und bei einer Festung kamen wir über den Runer.

7. November. Wir bekamen eine eigene Küche, was uns bei der ewigen schlechten Menage sehr freute. Allerdings gab es da auch immer viel Arbeit wie Holz und Wasser holen. Auch konnten wir hier nicht bleiben und mussten wieder übersiedeln. Nirgends war man sich mehr seines Lebens sicher, denn die feindlichen Flieger deckten unsere Verstecke überall auf und beschossen uns, wo sie nur konnten. Es war schon scheußlich bei uns. Auch hatte die Kameradschaft in der letzten Zeit sehr gelitten. Man durfte seinem besten Freund nicht mehr über den Weg trauen. Einer betrog den anderen, wo er nur konnte und die Lumperei war sehr groß.

8. November. Heute gab es wieder fleißig zu arbeiten. Man glaubt nicht, was den Herren Offizieren alles einfallen kann, um die Männer zu beschäftigen. Abends musste ich mit einem Feldwebel hinaus in die Stellung gehen und leider auch draußen bleiben. Sein Name war Streichsbier, er kam von Wernsbrunn und war ein recht fescher Kerl. Wir verstanden uns sofort ausgezeichnet und unterhielten uns prächtig. Leider hatten wir wieder so manchen aufrechten Mann und treuen Kameraden verlo-

ren, was mich sehr betrübte. Bei der Nacht war der feindliche Beschuss wieder so heftig und gefährlich, dass wir wieder im größten Regen die Stellung wechseln mussten. Aber lieber so als erschossen zu werden.

9. November. Im Vergleich zu den letzten Tagen war es heute ziemlich ruhig. Es werden doch wohl nicht die Patronen ausgehen? Schön wäre es ja. Es gab auch eine kleine Plänkelei in der Mannschaft, die aber sofort aus der Welt geschafft wurde. Die Nerven! Alle Soldaten sind erholungsbedürftig. Ich bezog mit ein paar Kameraden eine elende Bude, in der es sehr kalt und zugig war. Abends bekam ich gleich zwei Pakete aus der lieben Heimat ausgehändigt. Das war eine Freude, denn ich bekam lauter Dinge, die ich dringend gebrauchen konnte.

10. November. Das Artilleriefeuer wurde wieder lebhafter, wir mussten uns wieder mehr in Acht nehmen, wenn wir ins Freie gingen. Da es für mich heute nichts zu tun gab, was ich Gott dankte bei diesen unmenschlichen Verhältnissen, lag ich den ganzen Tag in der Bude und war ganz mürrisch und blöd im Kopf. Ich konnte mich selber nicht leiden und plagte mich mit wirren Gedanken.

11. November. Es wurde wieder ein schöner Herbsttag, es war nur schade, dass wir ihn nicht genießen konnten. Der lästige Regen war zwar endlich vorüber, doch dafür kamen in aller Herrgottsfrühe schon feindliche Flieger daher und machten uns das Leben zur Hölle. Pausenlos flogen sie einen Einsatz nach dem anderen. Den ganzen Tag gaben sie keine Ruhe, dass wir aus unseren Deckungen nicht herauskamen, und auch die Artillerie auf beiden Seiten war sehr in Bewegung. Ob es nun endlich zu irgendeiner Entscheidung kam?

12. November. Heute brauchten wir nicht viel zu machen. Ich vertrieb mir meine Zeit mit Schreiben, Dichten, Läuse jagen und vielen weiteren Nichtigkeiten. Das andauernde Artilleriefeuer wurden wir allmählich schon gewöhnt, es verlor immer mehr an Schrecken, obwohl es oft etwas schlimmer wurde als für gewöhnlich. Das begann immer blitzschnell und hörte auch immer wieder schlagartig auf. Am linken Flügel kam es da auch zu einem überraschenden Angriff, doch unser heftiges Artille-

riefeuer machte es bald wieder ruhiger. Mit Spannung warteten wir alle darauf, ob wir wieder einen Stellungswechsel machen mussten, konnten aber diesmal bleiben.

13. November. In der Frühe ließen die Aktivitäten wieder nach, doch im Laufe des Tages war öfters Fliegerkampf und auch unsere Artillerie war sehr lebhaft, landete so manchen Volltreffer. Gegen Abend jedoch wurde es wieder brandgefährlich, der ganze Himmel war voll Flieger. Freund und Feind lieferten sich einen erbitterten Luftkampf, eine Maschine um die andere wurde abgeschossen und explodierte. Laufend stürzten die Flieger ab und wir standen und lagen darunter und bekamen den ganzen Segen ab. Wir waren schon verraten, denn wir durften unseren Standort nicht verlassen. Der Feind schoss uns außerdem in die Dolinen, die Kugeln und Granaten pfiffen uns trotz tapferer Gegenwehr nur so um die Ohren. Einen guten Kameraden nur ein paar Meter neben mir erwischte einen Granatenvolltreffer, sodass es ihn in tausend Teile zerstückelte. Den Schrei und den Anblick der herumfliegenden Körperteile werde ich mein Leben lang nicht vergessen. Auch erhielt ich den Befehl, an den Fliegern Posten zu stehen, was auch ein Himmelfahrtskommando war. Mit schlechtem Hamur stand ich da und fürchtete um mein armes Leben. Die ganze Nacht kämpften die Flieger, der ganze schwarze Himmel leuchtete wie bei einem schweren Gewitter, die Explosionen waren der Donner und die herabfallenden brennenden Teile war der Blitz. Es war einfach keine Ruhe.

14. November. Zu unserem Schutz hockten wir in einer ungemütlichen feuchten Grotte und warteten tatenlos auf weitere Befehle. Dann zogen wir plötzlich am hellen Tag in eine andere Doline um. Dort mussten wir den ganzen Tag arbeiten und Baracken aufstellen, denn wohin man auch blickte, alles war demoliert und zerschossen. Bei Nacht wurde es sehr kalt, für das heftige Feuer sorgten die Waffen von Freund und Feind. Gott möge uns bald den Frieden senden, denn wir hatten es alle restlos satt und wollten endlich nach Hause.

15. November. Auch heute unvermindert und unverändert beiderseitiges Artilleriefeuer und starker Fliegerbeschuss, als wollte die Welt unterge-

hen. In der ganzen Gegend gab es wohl kein Stückchen Erde mehr, das nicht mit Blut und Tränen getränkt wurde. Wie schlimm war es schon mit der Menschheit geworden! Man musste sich schon für sie schämen und den Herrgott immer wieder um Verzeihung bitten. Am liebsten wäre ich auf und davon gelaufen.

16. November. Heute war es bitterkalt. Frierend hockten wir ganz kaputt in einer miserablen Bude und froren mit schlechtem Hamur vor uns hin. Ich fühlte mich ganz elend und meine Gedanken waren wieder in der fernen Heimat. Das einzige Gute war, dass wir heute nicht gebraucht wurden und bleiben konnten, wo wir waren. Wir hatten Erholung ganz dringend nötig.

17. November. Heute wurde es erstaunlich ruhig ringsum. Auch von der Front her war nur noch wenig Schießen zu hören. Aber es half alles nichts, gegen Abend mussten wir wieder in die Stellung hinüber. Die Gräben befanden sich alle ohne Ausnahme in einem hundsmiserablen Zustand und mussten schleunigst ausgebessert werden. Bei einem Steinhügel hockten wir die ganze Nacht und lauschten ins Ungewisse. Es regnete und war wieder sehr kalt. Doch ein Feuer durften wir nicht machen, das wäre einem Selbstmord gleichgekommen.

18. November. In der Frühe ging ich in eine Doline mit ein paar Kameraden, dort bauten wir uns in der Erde einen Unterstand mit Betten. Hier waren wir einigermaßen geschützt und nach einer Weile war es auch nicht mehr so sehr kalt. Die Artilleriekämpfe wurden unterdessen immer stärker. Wütend wurden Kugeln und Granaten hin und hergeschickt.

19. November. Wir mussten unsere Bude verbessern, denn es wurde mit einem Mal höchstgefährlich. Vor allem die Decke mussten wir besser abstützen, den pausenlos klopfte es auf den Brettern über uns vor lauter niederprasselnden Steinen und Eisen. Ein Treffer ganz in der Nähe riss ein neues großes Loch in unsere Deckung, das es auch schleunigst zu stopfen galt. Alles war voll Löcher, man konnte fast nicht richtig laufen. Auch viele Granaten lagen herum, meistens lauter Blindgänger. Wir gingen aber auf Nummer sicher und warfen sie alle zum Katzelmacher zurück, auch wenn es keine Wirkung gab.

Am Nachmittag hieß es für mich plötzlich Abschied nehmen von dem relativ sicheren Unterstand, ich musste auf Posten gehen zu den Maschinengewehren. Es war erbärmlich kalt und die Granaten schwirrten jämmerlich über den Gewehrstand. Es war hundsgefährlich für mich, trotzdem schrieb ich einen Brief in die liebe Heimat. Bei so viel unverschämten Glück, das ich bisher hatte, war es vielleicht die letzte Nachricht von mir von der Front.

20. November. Der Feind machte einen ungewohnt großen Lärm, keiner auf unserer Seite hatte eine Ahnung warum. Trotzdem beschoss unsere Artillerie sie sehr. Die Stellungen waren von uns nur etwa 30 bis 40 Schritte entfernt und sehr gefährlich, sie zu betreten.
Bei der Nacht dann ein furchtbarer Akt. Eine Kompanie Bosniaken machten plötzlich mit viel Hurra und Lärm einen Überfall auf die feindlichen Gräben. Ich glaubte, der Hafer hätte sie gestochen, denn bei diesem waghalsigen Unternehmen konnte man eigentlich nur mit dem Leben büßen. Auch unsere Artillerie wirkte furchtbar und dann ging das Lärmen und Schreien im Jammern unter. Mich fror es richtig bei dem schaurigen Gedanken, wie diese tapferen armen Männer, von einem verrückten Offizier angeführt, von zwei Seiten gnadenlos zusammengeschossen wurden. Es war auch schrecklich finster und kräftiger Regen störte gewaltig. Wir mussten fleißig Raketen zu den Katzelmachern hinüberwerfen und ohne Pause beobachten, um etwaige verdächtige Bewegungen sofort melden zu können.

21. November. Auch heute hielt das Feuer und auch die wolkenbruchartigen Regenfälle unvermindert an. Wir sollten wohl gleichzeitig erschossen und ertränkt werden. Es war alles unheimlich deprimierend, wohin man auch sah, und die Nerven waren auch nicht mehr zum Besten.

22. November. Von unserer Seite aus herrschte eine große Artillerietätigkeit. Das war ein Lärm, ein Krachen und ein Knattern, einfach nicht auszuhalten. Oft hielt ich mir die Ohren zu oder verstopfte sie, um ein wenig schlafen zu können. Aber leider hatte ich damit keinen Erfolg, der Radau war so groß.

23. November. Unsere heutige Aufgabe bestand darin, einen Laufgraben zu bauen. Die verschiedenen Stellungen brauchten dringend eine gesicherte Verbindung, über das Feld zu rennen und in die Stellungen hineinzuspringen war viel zu gefährlich geworden. Das war eine Höllenarbeit, denn durch den vielen Regen war der Boden lehmig geworden und die vielen großen und kleinen Steine waren auch nicht leicht zu entfernen. Wir schwitzten nicht schlecht und mein Rücken schmerzte von den Anstrengungen. In der Nacht wurde es wieder sehr kalt am Posten.

24. November. Das Wetter wurde zwar wieder schöner und die Sonne kam nach dem Morgennebel heraus, aber die Artillerietätigkeit hielt unvermittelt an. Ich bin nur gespannt, wie lange das alles noch so weitergehen soll. Irgendwann müssen doch die Herren Generäle endlich zur Besinnung kommen!

25. November. Für mich wurde es heute sehr gefährlich. Den ganzen Tag und die halbe Nacht stand ich auf Posten und dachte daran, jeden Moment in die Luft zu fliegen, so nah explodierten die Granaten in meiner Nähe. Doch der Herrgott war einmal mehr mit mir.

26. November. Es war nicht mehr zum Bleiben an unserem Standort. Wir wurden vom Katzelmacher derart beschossen, dass sogar unser neuer Laufgraben ganz verschüttet war. Ich blieb brav in Deckung und rührte mich so gut wie nicht. Am Abend soll die Ablösung kommen hieß es den ganzen Tag, und das gab uns allen Auftrieb und neuen Mut. Wir waren auch wieder sehr schwach, hatten viele Verluste zu beklagen und der klägliche Rest war ganz kaputt. In der Nacht endlich löste uns das 3. Bataillon ab. Wir empfingen sie mit Applaus und frohem Lachen, denn eine Zentnerlast wich von uns allen, es war für uns wie ein vorzeitiges Weihnachtsgeschenk.
Aber wir freuten uns alle zu früh. Auf unserem Rückzug wurden wir nämlich schrecklich beschossen. Wir wurden gezwungen, gar nicht so weit entfernt von der Schwarmlinie in einer Doline Deckung zu suchen. Das stellt man sich also beim Militär unter einer Erholung vor! Wir waren alle voller Läuse, zerrissen und hoffnungslos voll Dreck. Aber trotz allem waren wir guten Mutes, weiter aus der Gefahrenzone herauszukommen.

27. November. Es ging weiter weg von der Front in ein ruhiges Gebiet, wo wir unsere Zelte aufbauten. Damit wir aber nicht ganz untätig blieben, bekamen wir den Befehl, unsere Gewehre herzurichten und unsere Ausrüstungen wieder auf Vordermann zu bringen. Wir ließen uns dabei viel Zeit und waren dem Schlaf näher als dem Wachen.

28. November. Heute war es sehr kalt, am Morgen fror ich ganz schön. Früh mussten wir in eine Doline gehen, um Kavernen zu bauen, Steine zu bohren und zu sprengen. Das war eine schwere Arbeit, die uns alles abverlangte. Die feindliche Artillerie schoss unterdessen Tag und Nacht. Abends mussten wir zwei Stunden lang um Dachpappe gehen zum Bahnhof Selov und wieder zwei Stunden zurück, was bei den widrigen Verhältnissen und der Dunkelheit kein Honiglecken war.

29. November. Es wurde wieder ein ganz schlimmer Tag. Das starke Artilleriefeuer wollte einfach nicht zur Ruhe kommen. Abends hatten wir strenge Bereitschaft, es blieb aber alles ruhig. Der Feind beschoss nun unsere Truppen nicht nur mit schwerer Artillerie, sondern auch mit Minen. Vielleicht wollte er endlich eine Entscheidung erzwingen.

30. November. Immer noch herrschte schreckliches Artilleriefeuer. Es wollte wohl nicht mehr aufhören. Ich hockte in einer elenden Bude und war ganz schlecht gestimmt. Das ewige Krachen verfolgte mich schon im Traum, es macht mich ganz marod. Aber es gab auch Kameraden unter uns, die waren noch sehr übermütig. Sie prahlten die ganze Zeit, wie sie noch mit dem Katzelmacher umspringen wollten. Aber man kennt das ja. Wenn sie dann wieder an die Front müssen, ist alles vergessen.

1. Dezember. Es wurde wieder sehr gefährlich. Die feindliche Artillerie schoss uns wieder in die Doline. Ich musste wieder zum Bahnhof laufen und Material für die Deckung holen. Das war auch wieder so ein besonderes Kapitel. Er wurde unter schreckliches Feuer genommen und es war schon ein richtiges Wunder, unverletzt hinein zu kommen und auch wieder heraus. Ich stand dabei Todesängste aus. Auch der Weg zurück zu meinen Kameraden war schlimm. Stellenweise musste ich Haken schla-

gen wie ein gejagtes Kaninchen. Zurück bei meinem Regiment hatten wir sogleich einen Volltreffer und verloren dabei drei Mann. Unterdessen ging das 31. Regiment hinaus in die Stellung und es dauerte nicht lange, und sie hatten gleich 70 Mann Verluste. Die ganze Nacht herrschte ein schreckliches Trommelfeuer. Der Herrgott hielt dabei einmal mehr seine schützende Hand über mich. Ich weiß gar nicht, womit ich das verdient habe.

2. Dezember. Von der versprochenen Erholung ist weiter keine Spur. Wir mussten in die Raunz-Doline, um Steine zu bohren, damit es hier wieder Platz gab, um sich bewegen zu können. Das dauerte den ganzen Tag, weil wir immer wieder in Deckung gehen mussten, wenn der feindliche Beschuss zu stark und zu nah war.

3. Dezember. Im größten Feuer mussten wir eine Festungsmauer aufbauen, als Schutzwall für die Kameraden. Ich war ganz marod und mir war es sehr bange, ob ich plötzlich einen Treffer bekam. Am Nachmittag wurde es immer ärger. Man konnte meinen, alle Welt wolle nur uns beschießen, denn die feindlichen Flieger hatten wieder alles verraten.

4. Dezember. Heute war ein miserables Regenwetter und Nebel, wir mussten aber trotzdem wieder arbeiten. Das ärgste, was uns im Moment störte, war nicht etwa die unvermindert große Artillerietätigkeit, die ununterbrochen Tag und Nacht anhielt, sondern die vielen Läuse. Man konnte sich von den vielen Mistviechern nicht mehr retten. Aber zum Baden war keine Zeit.

5. Dezember. Heute wurden auch wir wieder beschossen, deswegen mussten wir unsere Arbeit immer wieder unterbrechen und in Deckung gehen. Mir ging es nicht gut, ich war ganz marod. Ich hatte schreckliche Bauchschmerzen schon seit einigen Tagen, aber heute waren sie ganz besonders schlimm. Zur Marodenvisite konnte ich nicht, denn niemand durfte seinen Platz verlassen ohne Ablösung. Schon viele Nächte schlief ich nicht mehr richtig. Am Abend erhielt ich ein Kistchen aus der Heimat, was mich sehr freute.

6. Dezember. Nikolaustag. Es ging wieder auf Arbeit in eine Doline. Die Artillerie wirkte Tag und Nacht und wir durften den Dreck wegräumen. Es gab wohl keine einzige Doline mehr, die nicht stark beschädigt war. Kaum war eine geräumt und frei, wurde sie wieder verschüttet. Bei der Nacht wütete die Artillerie besonders schrecklich. Wollte das denn gar kein Ende mehr geben?

7. Dezember. Das heftige Gemetzel dauerte bis in die Morgenstunden an. Die schwere Artillerie schoss, dass alles ringsum erzitterte und die Luft nach verbranntem Pulver roch. Dazu das ewige starke Regenwetter, das noch zusätzlich aufs Gemüt drückte. Ich war stark marod, eigentlich überhaupt nicht mehr einsatzfähig. Die Nacht hindurch konnte ich nicht liegen in der nassen Bude vor lauter Schmerzen und Radau. Draußen durfte man sich auch nicht blicken lassen, das Feuer war zu heftig und zu gefährlich.
Was mag das alles noch werden? Kam denn niemand zur Vernunft? Am besten wäre es, man hätte es schon überstanden, ganz egal, auf welche Weise. Es geht einfach nicht mehr. Das wird alles zuviel für mich. Die fehlende Menage, das schreckliche Feuer und dann auch noch krank. Ich betete darum, dass ich das alles bald überstanden hatte.

8. Dezember. Es geht mir heute nicht viel besser. Auch die Schießerei hielt unvermittelt an. Am Abend schließlich ging ich zur Marodenvisite, hoffte auf ein gutes Medikament, das mich wieder aufrichtete, aber der Arzt schaute mich nicht einmal an und schickte mich gleich wieder zurück. Das schwere Artilleriefeuer wurde noch heftiger, machte mir sehr zu schaffen.

9. Dezember. Der Herr Leutnant hatte sehr viel mehr Hirn im Kopf als der Doktor. Er erkannte, dass er mit mir im Moment nichts anfangen konnte und ließ mich den ganzen Tag liegen. Ich war auch wirklich ganz kaputt. Tag und Nacht schlief ich nichts vor Schmerzen und sah aus wie der Tod persönlich.

10. Dezember. Ich ging heute wieder zur Visite. Diesmal hatte der Arzt ein Einsehen und studierte mich ein wenig. Schließlich wollte er auch

mich auf einen Hilfsplatz schicken, wo man sich um die Maroden und Verletzten kümmerte. Dorthin ging ich aber nicht, denn unsere Einheit sollte ohnehin bald abgelöst werden und ich wollte um nichts in der Welt noch länger hier an der Front bleiben. So musste ich eben weiter leiden. Die ganze Nacht schloss ich kein Auge und wälzte mich andauernd von einer Seite zur anderen.

11. Dezember. In aller Herrgottsfrühe tobte ein starkes Gewitter. Um 9 Uhr wurden wir endlich abgelöst, was mich mit Freude erfüllte. Was kam, war ein grässlicher Marsch. Der Sturm, durch Schlamm und Dreck, dazu der feindliche Beschuss und das schnelle Ausschreiten, ich glaubte schon, ich müsse liegen bleiben. Zwischendurch wusste ich gar nicht, wie ich überhaupt weitergekommen war. Um 2 Uhr kamen wir endlich nach St. Kroticza.

12. Dezember. In aller Frühe war Abmarsch zur Entlausung nach Broseko. Ich konnte fast nicht mehr stehen, aber die Läuse mussten nun einmal weg. Ich wollte von den Biestern nicht aufgefressen werden. Am Nachmittag war Munition fassen. Danach lag ich in der Kenische und war ganz verzagt. Ob ich meine Heimat und meine Lieben je wiedersehe?

13. Dezember. Der Tag begann mit Dekorierung verschiedener Soldaten, aber natürlich nur die Herren Offiziere, die beim Kämpfen immer ganz hinten stehen und uns gegen den Feind treiben. Danach war Inspizierung der Truppe und Ausrüstung und hinterher eine Gasübung. Ich aber war bei der Marodenvisite. Zu allem Elend wurde ich auch noch als dienstbar anerkannt und zu den Kameraden zurückgeschickt. Und das wollen Ärzte sein! Unglaublich!

Abends war es sehr fidel in den Gasthäusern und Anstalten. Ich ging auch mit, um meinen großen Kummer und meine Schmerzen zu ertränken und vergessen zu lassen. Ich sang aber nicht mit, denn mich verdross alles.

14. Dezember. Heute war den ganzen Tag allgemeine Reinigung der Requisiten und Monturen. Die Nacht war eine Qual für mich.

15. Dezember. Heute war wieder eine Inspektion des Regiments, diesmal durch den Herrn Hauptmann Kugaidice. Er war Maschinengewehrreferent und interessierte sich in erster Linie für unsere Schusswaffen. Den ganzen Tag über war sehr schlechtes Wetter. Und ich hatte die ganze Zeit furchtbare Schmerzen in meinen Füßen, fast nicht mehr auszuhalten. Von meinen Kopf- und Bauchschmerzen will ich erst gar nicht anfangen.

16. Dezember. Es gab heute verschiedene kleinere Arbeiten zu erledigen. Ich machte mit, so gut ich es konnte, denn ich war ja wieder dienstbereit, warum, wusste ich auch nicht.

17. Dezember. Heute war Kirchgang. Auch ich nahm daran teil und bat den Herrgott, mir zu helfen. Wenn ich schon im Felde der Ehre bleiben soll, dann wenigstens nicht als kranker Mann. Ich ging auch wieder zur Marodenvisite, aber wieder ganz umsonst. Ich wurde wieder als dienstbar abgewiesen.

18. Dezember. Der Jammer ging wieder von vorne los. Es traf uns alle wie ein Schock, denn es hieß, wir sollten wieder zurück in die Stellung gehen. Dabei hatten wir uns so sehr gefreut, endlich von hier fortzukommen. Wir wurden marschbereit versetzt und mussten warten auf weitere Befehle. Dazu das hundsmiserable Wetter! Ich war völlig durchnässt und dreckig wie viele Kameraden auch. In meiner Verzweiflung ging ich zum Rapport und bat den Herrn Leutnant, der schon einmal so einsichtig und hilfsbereit war, zurückbleiben zu dürfen, denn ich konnte nicht mehr, war ganz kaputt und krank. Aber diesmal gab es keine Gnade, nur eine große Flut Beschimpfungen.
Was soll das nur werden mit mir? Wollte man mich mit Gewalt zugrunde richten? Nur Gott konnte mir jetzt noch helfen.
Um 3 Uhr war Abmarsch. Es wurde ein grässlicher Marsch. Ein treuer Kamerad half mir, stützte mich immer wieder, wenn es nicht mehr weiterging. Um 8 Uhr kamen wir wieder glücklich in der Maharitz-Doline an, wo wir auch schon früher waren. In der Nacht befanden wir uns schon wieder im größten Feuer und bangten um unser bisschen Leben.

19. Dezember. Wir mussten wieder arbeiten bis zum Umfallen. Wir bohrten in der Kaverne die Steine klein und gruben Erdhöhlen aus, um vor den feindlichen Angriffen einigermaßen geschützt zu sein. Einmal kippte ich dabei vor Überanstrengung um und musste mich ausruhen. Aber dann machte ich weiter.

20. Dezember. Heute war dieselbe schwere Arbeit, fast nicht auszuhalten. Man glaubt nicht, was alles kaputtgegangen ist und wie viel da schon umsonst gearbeitet wurde. Begleitet wurden wir durch sehr starkes Artilleriefeuer, dass wir immer wieder in Deckung gehen mussten. Das einzige Erfreuliche war, dass meine armen Füße wieder etwas besser waren, nicht mehr soviel schmerzten.

21. Dezember. Wir bekamen heute einen neuen Kommandanten, Herrn Oberst Lederer. Unser Leutnant Janowitschky ging zurück. Der Neue hielt uns eine kurze Ansprache und ich merkte gleich, dass wir keinen guten Tausch gemacht hatten. Er war genauso wild wie alle anderen Offiziere auch. Auch Arbeit gab es wieder mehr als genug, auch das Feuer hielt ununterbrochen an, sodass wir stets auf der Hut sein mussten. Am Abend bekam ich Dienst als Alarmposten, trotz meines immer noch miserablen körperlichen Zustands. Um 8 Uhr wollte ich einen Posten ablösen, und dann passierte es: Ich wurde sofort verwundet. Eine Kugel ging durch meinen linken Arm glatt durch und blieb am Leibe liegen. Der Herrgott beschützte mich einmal mehr und schenkte mir wieder mein Leben. Ich wurde schleunigst noch an Ort und Stelle verbunden und im größten Feuer begleitete mich ein Sanitäter auf den Regimentshilfsplatz. Dort wurde ich in einen einfachen Karren verladen und nach Sagrec abtransportiert, von dort dann weiter nach Berie. Durch das Gerüttel wurden die Schmerzen so stark, dass ich dabei fast den Verstand verlor. Manchmal wurde ich auch eine Weile ohnmächtig.

22. Dezember. In der Frühe ging es weiter nach Orschenko. Dort angekommen wurde ich sofort frisch verbunden und entlaust und dann hieß es gleich marsch ins Spital. Es waren viele Ärzte und Schwestern dort und man kümmerte sich ganz gut um mich. Die Nacht war nicht am besten, meine Wunde stach die ganze Zeit über wie tausend kleine Nadeln.

23. Dezember. Man kümmerte sich so gut um mich, wie ich es noch nie erlebt hatte während meiner Zeit beim Militär. Ich erfuhr, dass ich sehr viel Glück gehabt habe, die Wunde nicht lebensgefährlich war. Ich hatte aber sehr viel Blut verloren. So lag ich den ganzen Tag auf meinem Lager und war zufrieden dabei. Auch die Menage war gut. Was nicht gut war, waren die vielen Schwerverwundeten, die Tag und Nacht jammerten, stöhnten und schrieen. Da brauchte man schon ganz gute Nerven, um dabei nicht verrückt zu werden.

24. Dezember, Heiliger Abend. Obwohl ich eigentlich liegen bleiben und mich schonen sollte, wurde ich als transportfähig erklärt, weil zu wenig Platz da war für die Schwerverletzten. Fast laufend kamen schrecklich viele Verwundete herein. Die Ärzte und Schwestern rannten immer von einem Ort zum anderen, das Geschrei war unerträglich. Das Durcheinander war groß. Auf der Bahre in einem Sanitätsauto fuhr ich bis Obschina, dort wurde ich in eine Baracke getragen. Ich lag keine Stunde drin, dann trieben uns gefangene Russen auf Befehl in einen Waggon. Dort waren feine Betten und es ließ sich fein aushalten. Gegen Mittag fuhr der Zug ab. Um 11 Uhr in der Heiligen Nacht war ich in Laibach, wo ich wieder in eine Baracke getragen wurde. Aber wieder nicht lange, dann wurde ich auf einen großen Wagen geladen und es ging zur Desinfizierung. Das dauerte bis in die Frühe.

25. Dezember. Am heiligen Weihnachtstag kam ich mit noch ein paar Männern in ein Zimmer, das stark besetzt war. Viele Männer hockten und lagen einfach auf dem Boden neben den belegten Betten und warteten auf die Ärzte. Ich hockte mich zwischen zwei verwundete Polacken und musste stumm bleiben, weil sie kein deutsch verstanden. Am Vormittag war Visite. Die Ärzte verbanden mir die Wunde, dann wurde ein Bett für mich freigemacht, dass ich mich gleich hinlegen konnte.

26. Dezember. Den ganzen Tag lag ich im Bett. Wenn ich da an die schreckliche Zeit an der Front dachte! Überhaupt kein Vergleich! Fast möchte man nicht daran glauben, dass Krieg ist. Alles war hier so schön friedlich. Es war mir sehr zeitlang und ich hoffte auf Post von daheim. Abends übersiedelte ich und noch zwei Verwundete in ein anderes Zim-

mer. Dort war mehr Platz. Die Nacht war ziemlich kalt und sehr lang, weil ich nicht schlafen konnte.

27. Dezember. Wir hatten ärztliche Visite im Zimmer. Ich bekam es mit einem holzgroben Arzt zu tun, ein Zivilist und polnischer Jude. Es war auch nicht zum Reden mit ihm, er brüllte mich nur an und besah meine Wunde, dass ich hinterher noch mehr Schmerzen hatte als vorher. Es waren wieder furchtbar viele Kranke und Verwundete, die alle durcheinander jammerten und den Arzt ganz verrückt machten. Den restlichen Tag hatte ich mehr Fußschmerzen als am Arm, ich wagte aber nicht, den Arzt noch einmal kommen zu lassen. Vielleicht hätte er mich dann ganz umgebracht.

28. Dezember. Ich wurde heute wieder frisch verbunden. Die Wunde verheilte nur langsam. Für die Füße bekam ich Aspirin. Sonst ging es mir ganz gut, ich lag den ganzen Tag und bekam auch gute Menage. Nur zu rauchen bekam ich nichts.

29. Dezember. Mir war heute den ganzen Tag zeitlang. Es waren lauter Polacken hier im Zimmer, so konnte ich gar nichts sprechen. So versuchte ich, den Tag mit viel schlafen herumzubringen und träumte vom Frieden und der lieben Heimat.

30. Dezember. Weil es so sehr an Platz mangelte, war ich auf einmal wieder transportfähig. Jeder, der irgendwie auf seinen Beinen stehen und laufen konnte, bekam eine Montur verpasst. Das war schrecklich. Wie schauten wir nur aus! Wie schäbige, abgerissene Vagabunden! Man musste sich schämen, beim Militär zu sein. Ich betete zu Gott, dass er mich zurückgeleiten möge. In einer schäbigen, zugigen Baracke übernachteten wir.

31. Dezember. In der Frühe fuhren wir beizeiten auf den Bahnhof. Insgesamt wurden etwa 400 Kranke und Verletzte einwaggoniert. Wir fuhren den ganzen Tag. Um 11 Uhr abends kamen wir schließlich nach Tschakarnitscha in Ungarn. Eine hübsche Stadt zwar, aber ganz kaputt.

Auch ich war ganz kaputt und konnte vor Hunger nicht schlafen. Mit Gott ging es ins neue Jahr 1917. Was es uns wohl bringen würde? Ebenso viel Schrecken und Elend wie das alte Jahr?

1917

1. Januar. Das neue Jahr begann schon hübsch. Es war sehr kalt in der Baracke, fast nicht auszuhalten. Als Menage gab es nur eine elende Brennnesselsuppe und kein Brot. Jeder hatte Hunger von uns, aber mehr gab es nicht zu beißen.

2. Januar. Sechs Tschechen und ich bekamen frische Verbände. Am Nachmittag sah ich mir die Stadt ein wenig an. Alles war furchtbar teuer und zum Rauchen gab es nichts. Wie soll da ein einfacher Soldat nur weiterkommen?

3. Januar. Heute machte ich wenig. Ich schlief viel, ärgerte mich über die miserable Menage und spekulierte viel. Auch schrieb ich wieder in die liebe Heimat einen langen Brief.

4. Januar. Am Vormittag war eine Messe im Krankenzimmer. Am Nachmittag wurde es noch sehr schön, aber es war auch sehr kalt. Ich ging wieder in die Stadt spazieren, kaufte auch Brot, obwohl es viel zu teuer war. Aber man bekam ja sonst keine Menage und von irgendetwas muss man ja auch leben.

5. Januar. So schön der gestrige Tag war, so schaurig und regnerisch war es heute. Ich las und schrieb viel und machte so verschiedenes, um die Zeit totzuschlagen. Auch machte ich mir Gedanken, was es mit der Post aus der Heimat auf sich hatte. Warum bekam ich keine Nachricht mehr von zu Hause? Auch meine liebe Marie schrieb nichts mehr, wo sie doch sonst immer so fleißig war. Es wird doch wohl nichts passiert sein?

6. Januar. Wir bekamen heute den ersten Schnee. In dicken Flocken trieb der Sturm sie vom Himmel herab und schnell war alles weiß. Ich hockte die meiste Zeit im Verbandszimmer und wartete darauf, dass sich jemand um mich kümmerte. Ein Arzt sah sich meine Wunde ganz genau an und meinte, dass sie ziemlich geheilt war. Aber Schmerzen hatte ich immer noch im Arm.

7. Januar. Es war sehr kalt im Zimmer, denn wir befanden uns nur in einer Holzbude. Auch hatten wir nur wenig Kohlen zum Heizen, da hieß es solange aushalten und sparen, bis es einfach nicht mehr ging. Ich lag bis Mittag auf meinem Lager, ganz eingerollt in meine Decke, am Nachmittag beschäftigte ich mich, um die Zeit totzuschlagen und nähte an meiner Montur, was aber nicht viel half. Sie war zu sehr zerrissen.

8. Januar. Es war fast nicht mehr zum Bleiben in diesem Zimmer vor lauter Kälte. Ich konnte trotz meiner Decke gar nicht mehr so sehr zittern wie ich fror. Auch hatte ich wieder große Fußschmerzen und meldete es dem Regimentsarzt. Der zuckte mit den Schultern und gab mir Salizil zum Einnehmen. Das sollte in die Füße gehen, sagte er. Ich merkte aber nicht viel davon.

9. Januar. Ich bekam immer noch keine Post, es war zum Verrücktwerden. Mir war sehr zeitlang auf meinem Lager und schrieb wieder einen Brief. Ansonsten blieb alles beim alten. Eine Hundekälte, dass mir fast die Nase abfror und nichts zum Heizen, schlechte Menage. Mittag musste ich zum Rapport. Der Stabsarzt schimpfte mich und sonst hatte ich nichts zu tun. Da sollte man nicht dumm werden!

10. Januar. Endlich bekam ich eine Karte aus der Heimat. Wie ich mich freute! Ich lass sie bestimmt hundert Mal durch. Auch war mir wieder sehr kalt im Zimmer. Wenn sich das nicht bald änderte, werde ich noch erfrieren.

11. Januar. Ich ging wieder zur Visite, um den Verband wechseln zu lassen. Der Doktor konstatierte mich als geheilt und kriegstauglich. Ich musste meine Sachen zusammenpacken und wurde nach Laibach zur Sammelstelle gebracht. Damit war es wieder vorbei mit dem ruhigen Leben.

12. Januar. Mit Freuden erhielt ich Nachricht von der Heimat. Auch von der Schwester bekam ich einen lieben Brief. Auch Geld wurde mir geschickt, was ich sehnsüchtig erwartete und dringend brauchte. Nur von

der lieben Marie kam nichts, was mich etwas traurig stimmte. Was mag da nur los sein? Das war doch nicht normal!

13. Januar. Bei einem Fähnrich bat ich um Urlaub und er bewilligte ihn mir. Danach fuhren wir nach Laibach. Abends kam ich in ein anderes Zimmer. Die Nacht war sehr schlecht, meine Füße machten mir wieder sehr zu schaffen.

14. Januar. Am Vormittag ging das Gerücht um, dass wir wieder an die Front mussten. Man inspizierte uns, wir sahen alle schrecklich aus. Man bestimmte mich wie etliche Kameraden auch nach Laibach. Mit dem versprochenen Urlaub war es demnach nichts. Wer kann sich meine Gedanken vorstellen? So weit im Hinterland und doch wieder ins Feld. Ich grämte mich schrecklich und hätte heulen können vor Enttäuschung. In der Nacht war ich ganz krank vor lauter Kummer und wollte mit niemandem sprechen.

15. Januar. Am Morgen war ich ganz kaputt und marod und hatte Halsschmerzen. Auch konnte ich gar nichts mehr essen, hatte Schwierigkeiten beim Schlucken. Ich meldete mich beim Regimentsarzt und der schimpfte wieder ganz toll, zerriss mich fast in der Luft vor lauter Wut. Er schickte mich aber ins Bett. Abends hatte ich auch noch starkes Fieber.

16. Januar. Heute war es etwas besser mit mir, der Hals aber blieb schlimm. Ich konnte fast nicht mehr sprechen, nur noch krächzen. Ich kam auch wieder in ein anderes Zimmer. Dort lag auch ein verwundeter Deutscher, was mich freute.

17. Januar. Mir war heute wieder etwas besser. Mit meinem neuen Zimmerkameraden konnte ich mich prima unterhalten. Da war es schon nicht so langweilig für uns beide.

18. Januar. Heute war wieder ein richtig grausliches Wetter, bei dem man keinen Hund vor die Tür jagt. Ich blieb heute wieder den ganzen Tag liegen und spekulierte viel. Auch wollte den ganzen Tag kein richtiges Gespräch zustande kommen.

19. Januar. Mein Gesundheitszustand verschlimmerte sich wieder sehr. Ich konnte bereits nicht mehr schlucken und fühlte mich ganz kaputt. Ein Arzt untersuchte mich und verordnete mir erste Diät. Auch mein sonst immer guter Appetit war ganz weg.

20. Januar. Heute war es kein bisschen besser, ganz im Gegenteil. Ich bekam auch noch Fieber dazu. Jedes Schlucken bereitete mir große Schmerzen und Schwierigkeiten. Auch fühlte ich mich ganz matt. Was soll das nur noch mit mir werden?

21. Januar. Mir war immer noch hundsmiserabel. Nicht nur der Hals tat mir furchtbar weh, sondern auch der ganze Mund. Nicht einmal ein Löffel ging mehr hinein. Ich musste fast mit Gewalt gefüttert werden. Es gab nur eine dünne Suppe für mich. Auch begann ich wieder schrecklich zu frieren, auch unter der Decke. Regelmäßig sah eine Schwester nach mir und kümmerte sich so gut es ging um mich. Wenn sie nicht da gewesen wäre, ich weiß nicht, was dann geschehen wäre.

22. Januar. Heute war es ganz besonders schlimm. Zu allem Ungemach bekam ich auch noch schreckliches Fieber, 39,8 Grad. Außerdem war mein Hals und mein Mund ganz verschwollen. Ich war schon ganz verzagt. Die Schwester, welche bei mir wachte, wich nicht von meiner Seite und kümmerte sich rührend um mich, fütterte mich mit Suppe wie ein kleines Kind. Auch sagte sie mir, dass ich im Bett nicht ruhig lag und immer wieder schrecklich fantasierte. Ich wurde mit Eis behandelt, etwas anderes hatten die Ärzte nicht da. Ein Kamerad, der mich besuchte, brachte mir Allon von der Stadt, das half mir gerade noch so. Aber der Doktor durfte das nicht wissen, sonst wurde er wieder fuchsteufelswild.

23. Januar. Die heimliche Medizin tat mir gut. Ich konnte schon viel leichter schlucken als gestern. Auch das Fieber war nicht mehr so hoch. Trotzdem fühlte ich mich nach wie vor schrecklich schwach und müde. Ich schlief viel, die Schwester sagte auch, dass Schlafen das beste war, was ich im Augenblick machen konnte. Ich konnte auch keinen klaren Gedanken fassen, alles drehte sich im Kreis.

24. Januar. Der Doktor sah wieder nach mir. Er untersuchte mich gründlich und konstatierte zum Schluss warme Umschläge. Wo aber hernehmen und nicht stehlen? Er hatte leicht reden. Meine Lage war schon traurig genug, um sich darüber auch noch lustig zu machen. Es war auch wieder unglaublich kalt im Zimmer und keine Möglichkeit, etwas dagegen zu tun. So etwas passiert auch nur in einem Militärkrankenhaus.

25. Januar. Heute ging es mir endlich wieder besser. Die Schwester brauchte nicht mehr bei mir zu bleiben und konnte sich um andere Patienten kümmern. Leider war mir heute auch sehr zeitlang, konnte nichts machen als nur liegen, und ich hing den ganzen Tag meinen Gedanken nach.

26. Januar. Ich konnte schon das erste Mal Milch schlucken, auch ein gutes Zeichen, dass es mir wieder besser ging. Eine Schwester brachte sie mir. Sonst war heute nichts Besonderes los. Niemand kam zu mir, ich bekam auch keine Post. So hatte ich wieder sehr viel Zeit, über alles nachzudenken, was mir so in den Sinn kam. Auch dachte ich an die Lieben daheim.

27. Januar. Mir war heute wieder schrecklich kalt. Auch kam der visitierende Arzt Dr. Olpert, anstatt aber nach mir zu sehen, vollführte er einen Mordsspektakel wegen der Unordnung im Zimmer. Er schimpfte mich furchtbar aus, als ob ich etwas dafür konnte. Dann geschah den ganzen Tag nichts mehr und ich fror immer noch jämmerlich. Aber so kann man auch nur mit kranken Männern umspringen, die sich nicht wehren können.

28. Januar. Sonntag. Ich wäre gerne in eine Kirche gegangen und hätte der heiligen Messe beigewohnt, aber leider, es war zu traurig, ich lag den ganzen Tag und durfte nicht aufstehen. So dachte ich mit großer Sehnsucht an die liebe Heimat und an die Menschen dort, die an mich dachten und auf mich warteten. Wie lange würde es wohl noch dauern, bis ich sie alle wiedersah? Würde ich sie denn überhaupt jemals wiedersehen?

29. Januar. Ein paar Offiziere kamen heute ins Krankenhaus, um mit den Ärzten durch die Zimmer zu gehen und die Kranken und Verwundeten einer Musterung zu unterziehen. Mich schauten sie nicht lange an, ich sah auch viel zu erbärmlich und zu schwach aus, um gesund zu sein. Man wünschte mir gute Besserung und eine schnelle Gesundheit, weil das Vaterland mich noch brauchte und ließ mich wieder allein. Die hatten gut reden, waren auch alle gesund.

30. Januar. Heute ging es mir wieder viel schlechter. Ich klapperte mit den Zähnen, weil ich so sehr fror, auch bekam ich wieder Fieber und es schwindelte mich, wenn ich nur den Kopf hob. Man brachte mich in ein anderes Bett, das näher am Ofen war. Das brachte mir aber so gut wie keine Hilfe, obwohl im Ofen ein Feuer war, aber recht sparsam. Eine Schwester sah jetzt auch wieder öfter nach mir. Mir war so elend, als müsste ich sterben.

31. Januar. Mir ging es heute genauso schlecht wie gestern, doch war mir etwas wärmer. Ich konnte nichts essen und auch nicht denken, denn es schwindelte mich immer noch, außerdem hatte ich auch Kopfschmerzen bekommen. Was soll das noch werden mit mir?

1. Februar. Heute war es wieder ganz schlimm mit dem Schlucken. Ich hatte so Schmerzen, dass mir Tränen in die Augen traten. Mehrere Ärzte sahen mich genau an und beschlossen nach kurzer Beratung, mich ins Separationszimmer zu bringen. Ich bekam einen kleinen Schrecken, denn dort wird operiert und schon viele tapfere Männer sind nicht mehr lebend herausgekommen. Ich fügte mich in mein Schicksal und hoffte, dass meine Schmerzen dann endlich vorbei waren.
Ein junger Doktor schnitt mir ohne Betäubung den Hals inwendig auf, während mich vier starke Männer festhielten. Ich wurde fast bewusstlos dabei. Viel Blut und auch Eiter kam heraus. Bald drei Stunden kümmerte man sich um mich. Ich kam mir vor wie auf der Schlachtbank. Danach bekam ich ein starkes Schlafmittel und eine Medizin gegen die furchtbare Schmerzen.

2. Februar. Heute war es kein bisschen besser, im Gegenteil. Die Schmerzen blieben, auch hatte ich ein komisches Gefühl im Hals und spuckte die ganze Zeit Blut. Einmal wäre ich auch fast erstickt. So musste ich noch einmal ins Separationszimmer und wurde noch einmal ohne Betäubung aufgeschnitten, was wieder schrecklich schmerzte. Doch es gab da kein Sträuben und Wehren, hin oder gesund, das war die Losung. Lange dauerte die neue Tortur und wie gestern kam wieder viel Blut und Eiter heraus. Danach wieder Schmerzmittel und Schlafen. Am Abend erhielt ich Post, eine Karte von der lieben Marie, was mich sehr freute und mir wieder Auftrieb und Zuversicht gab. Aber leider war mir hundsmiserabel. Was kann das nur sein mit mir?

3. Februar. Heute ging es mir ein bisschen besser. Die Ärzte und Schwestern kamen regelmäßig vorbei und sahen nach mir, versorgten mich auch ausreichend mit Medizin. Durch die frische Wunde konnte ich nur flüstern. Ich lag den ganzen Tag im Bett und habe nur gelesen, geschrieben und viel spekuliert.

4. Februar. Sonntag. Es war ein sehr stürmischer Tag, der Winter tobte sich richtig aus. Ich aber hatte Ruhe, schlief viel und erholte mich, so gut ich konnte. Aber leider war es sehr kalt im Zimmer, dass ich wieder schrecklich fror.

5. Februar. Ich erhielt wieder eine sehr kurze Karte von meiner lieben Marie. Nur ein paar sparsame Worte, sonst nichts. Ich konnte mir die Sache nicht enträtseln und machte mir so meine Gedanken.

6. Februar. Mir war heute schon ziemlich wohl, ich stand das erste Mal wieder auf und ging im Zimmer ein wenig hin und her. Auch mit dem Sprechen und mit dem Schlucken wurde es allmählich besser. Ich bekam auch wieder Suppe, durfte sie aber nur ganz langsam schlucken. Abends kam wieder ein großer Krankentransport herein mit fast 800 Mann. Die meisten von ihnen hatten erfrorene Gliedmaßen. Es war grauenhaft, denn noch am Abend mussten bei ein paar Männern Beine und Arme abgenommen werden. Da war ich doch ganz froh, dass man mir nur den Hals aufschnitt.

7. Februar. Heute war ein Riesenrummel mit den neuen Kranken. Das war ein Geschrei und ein Herumlaufen, einfach fürchterlich. Aber ich machte mir nichts daraus, lag in meinem Bett und verhielt mich ruhig. Auch hatte ich keine Lust aufzustehen, denn es war wieder grimmig kalt und es gab kein Holz, um den Ofen anzuheizen.

8. Februar. Es fand wieder eine Musterung statt, aber ich wurde noch als krank angesehen. Auch kam ein deutscher Transport mit etwa 5000 Mann an, der nach Czakstarnina wollte, aber nicht weiterfahren konnte vor lauter Schnee. Das war auch ein Lärmen und Schreien, die halbe Nacht hindurch. Aber wenigstens war es auch eine Abwechslung.

9. Februar. Heute war es so furchtbar kalt, dass sogar das Wasser im Nachtkästchen gefror. Trotzdem gab es keine Wärme. So blieb mir eben nichts anderes übrig, als mich unter meiner Decke zusammenzurollen und mich so warm zu halten, was aber auch nicht viel nützte. Ich konnte jetzt auch wieder fast normal sprechen, hatte aber immer ein kratzendes Gefühl im Hals.

10. Februar. Es war nicht viel besser. Im Bett war es zum Erfrieren. Ich fror, dass die Zähne klapperten. Aber zum Verheizen gab es immer noch nichts. Auch war das Geschrei vieler Verwundeter sehr groß, denn heute wurden mehrere Gliedmaßen von verschiedenen Männern abgenommen. Da war ich wieder sehr froh, dass ich nicht dabei war.

11. Februar. Mir war soweit wieder ganz gut, ich konnte auch wieder ganz gut essen, wenn ich mir dazu Zeit ließ. Ich konnte aber schon etliche Tage nicht mehr ausgehen. Die Füße schmerzten sehr. Ich wusste gar nicht, was das war. Abgefroren war noch nichts, denn ich konnte noch alles gut bewegen.

12. Februar. Heute war es nicht viel besser. Ich bekam Verschiedenes zum Einnehmen. Eine Schwester war sehr besorgt um mich und sah oft nach mir. Sie wusste aber auch nicht recht, was das war mit meinen Füßen. Bei jeder Bewegung schmerzten sie, als wollten sie verbrennen.

13. Februar. Ein Doktor kam und sah sich mein Leiden an. Er war einer von den Groben, drückte überall herum und sagte zum Schluss, ich solle nicht so wehleidig sein, aufstehen und umhergehen. Auch gab er mir noch ein bisschen Medikamente und ging wieder fort. Ich versuchte zu gehen, es tat aber sehr weh, dass ich bald wieder ins Bett kroch. So ging der Tag mit Lesen und Schlafen um.

14. Februar. Mir war heute den ganzen Tag zeitlang. Niemand kam und sah nach mir. Ich spekulierte viel und dachte an Zuhause. Dort kümmerte man sich anders um einen Kranken als hier. Ich schlief und fror und las und schrieb abwechselnd, auch versuchte ich wieder etwas zu gehen. Aber die Schmerzen waren noch groß.

15. Februar. Es war heute wieder sehr kalt in der Baracke, aber allmählich gewöhnt man sich auch an alles Schlechte. Ich fragte, ob Post für mich da wäre, hatte aber Pech. Niemand hatte mir geschrieben. So las ich eben wie so oft meine alte Post durch, die ich immer bei mir habe und die mir großen Trost gibt, wenn ich einmal verzagt bin.

16. Februar. Heute war ebenfalls so ein Tag, an dem ich nicht wusste, was ich tun sollte. Man konnte glauben, man hätte mich inzwischen ganz vergessen. Nur die Menage wurde mir ans Bett gebracht, das war die einzige Abwechslung. Wenigstens wurden langsam die Schmerzen in den Füßen weniger, dass ich auch einmal aufstehen konnte.

17. Februar. Immer noch die gleiche Langeweile hier. Ich glaube, wenn ich mir etwas brechen würde und ich um Hilfe rief, würde das niemand merken. Es war auch so genug zu tun für die Ärzte hier. Laufend kamen neue Verwundete und Kranke herein und manchmal war es ein sehr schreckliches Bild. Immer wieder ging ich durch das Haus und sah mich um, denn mit meinen Füßen ging es wieder ganz gut. Auch erhielt ich endlich wieder Post, was mich sehr freute. Da ging es mir gleich nochmal besser.

18. Februar, Faschingssonntag. Es war heute wieder Musterung. Ich spielte mit dem Gedanken, dass ich vielleicht aus dem Spital entlassen wurde,

aber daraus wurde nichts. Ich war noch viel zu schwach, sollte tüchtig essen und auch immer wieder herumgehen. Es war auch ein sehr schöner Tag, aber sehr kalt. Und für einen Faschingstag auch sehr traurig.

19. Februar. Ich tat mich mit ein paar kranken Kameraden zusammen. Wir gingen den ganzen Tag lang spazieren. Das machte Spaß und tat auch richtig gut nach dem vielen Liegen. Wir gingen auch ins nächste Dorf, wo es viel Abwechslung gab. Es war ein schöner Tag, nur die vielen Soldaten und Uniformen trübten etwas das schöne Bild.

20. Februar. Heute blieb ich den ganzen Tag auf meinem Zimmer und schrieb die ganze Zeit Briefe und in mein Tagebuch, es gab viel nachzuholen. Auch versuchte ich wieder zu dichten. Ich erhielt einen langen Brief von der lieben Marie, was mich sehr freute. Sie dachte also doch noch an mich, das war sehr schön.

21. Februar. Mir war heute wieder sehr zeitlang, ich wusste nicht, was ich den ganzen Tag anfangen sollte. Auch hatte ich schlechten Hamur, konnte mich selber nicht leiden. Ich dachte daran, endlich aus dem Spital herauszukommen und wieder etwas anderes zu sehen. Ich fühlte mich auch wieder soweit ganz gesund. Aber der Arzt hatte zu sagen und nicht ich.

22. Februar. Ich war heute immer noch schlecht gelaunt, hatte es richtig satt, hier im Spital festzusitzen. Ich fragte einen Doktor, ob er mich nicht bald wegschicken würde, aber der gab mir gar keine Antwort. So legte ich mich eben wieder in mein Bett und versuchte zu schlafen. Der Tag wollte einfach nicht herumgehen. Es war eine richtige Qual für mich.

23. Februar. Heute war wieder Musterung. Um keine Zweifel aufkommen zu lassen, zog ich mich an und erwartete die Ärzte. Aber ich wurde wieder enttäuscht, ich musste noch bleiben. Meine Stimme war noch nicht fest genug, auch sollte ich noch ein paar Pfund zunehmen. Ich hätte heulen können vor Wut. Warum wurde ich nur so sehr gestraft?

24. Februar. Es war wieder sehr kalt im Zimmer, fast nicht zum Aushalten. Ich fragte, warum man denn kein Holz holte für den Ofen und man sagte mir, dazu hätte man keine Zeit. Ich erbot mich, welches zu holen, aber da wurde ich beschimpft, ich wäre krank und sollte mich ins Bett legen. Da braucht man sich nicht wundern, wenn man grantig wird. Ich kann nur hoffen, dass der Krieg bald vorbei ist, sonst ärgere ich mich womöglich noch zu Tode.

25. Februar. Ich tat mich heute wieder mit ein paar Kameraden zusammen und ging spazieren. Es tat gut, aus dem Spital mit all seinem Elend herauszukommen und wieder etwas anderes zu sehen.

26. Februar. Heute ging ich noch einmal spazieren den ganzen Tag, diesmal aber allein. Da hatte ich viel Zeit, meine Gedanken zu ordnen und an die Lieben daheim zu denken.
27. Februar. Mir wurde eine undankbare Aufgabe zugewiesen. Weil ich so viel spazieren ging, wurde ich als geeignet angesehen, Marodenwärter zu spielen. Das gefiel mir aber überhaupt nicht. Das viele Elend anzusehen ging mir schrecklich ans Gemüt. Auch das andauernde Stöhnen, Jammern und Wehklagen der vielen Maroden machte es nicht besser. Da musste man sich fast schon schämen, dass man nur mit Fußschmerzen und Halsschmerzen hier liegt. Ich war sehr froh, als ich am Abend endlich erlöst wurde und auf mein Zimmer zurück durfte.

28. Februar. Um mich irgendwie zu beschäftigen, machte ich Zimmerdienst. Es war auch bitter nötig, aufzuräumen und zu putzen, so wie es hier aussah. Dabei musste ich mich sehr ärgern mit den Pollacken, die frisch aufs Zimmer gebracht wurden. Sie waren sehr schlampig und schmutzig und lachten mich aus beim Arbeiten. Am liebsten hätte ich ihnen meinen Besen um die Ohren gehauen, aber das hätte mir nur Schwierigkeiten eingebracht. So fraß ich meine Wut in mich hinein und machte alles allein sauber. Es wird schon noch die Zeit kommen, wo ich mich revanchieren kann.

1. März. Eine heilige Messe wurde im Zimmer abgehalten, ansonsten war wieder nichts los. Ich ging ein paar Mal durchs Haus, unterhielt mich

mal hier, mal dort und las und dichtete. Die Menage war auch schon mal besser. Irgendwie muss man den Tag ja herumbringen.

2. März. Um mich zu beschäftigen habe ich wieder das Zimmer gereinigt, trotz der Pollacken. Auch habe ich meine Sachen gewaschen, dass alles sauber ist, wenn ich aus dem Spital entlassen werde. Ansonsten war mir wieder sehr zeitlang. Ich las wie so oft die vielen Briefe, die ich bisher bekommen hatte und machte einen kleinen Spaziergang.

3. März. Heute war wieder eine Musterung mit Offizieren und Soldaten. Diesmal war auch ich, welche Freude, als gesund anerkannt. Vorbei war es mit dem langweiligen Lumpenleben, an das ich mich wohl nie gewöhnen werde. Ich packte meine wenigen Sachen zusammen und konnte kaum mehr den nächsten Tag erwarten. Auch schrieb ich in meine liebe Heimat, um die gute Nachricht loszuwerden.

4. März. Ich war heute beim Rapport beim Oberstabsarzt. Ich bat ihn um Urlaub, den ich vor meiner Verwundung beinahe bekommen hätte, wurde aber diesmal bitter enttäuscht. Ich bekam nichts als eine grobe Abfertigung. Es hieß, ich komme nach Laibach und dann wieder ab ins Feld. Ich musste mich zähneknirschend zu allem fügen und hatte eine große Wut im Bauch. Auch wurde ich meiner neuen Einheit zugewiesen und machte den gleichen Dienst wie meine neuen Kameraden.

5. März. Am Morgen um vier Uhr fuhren wir mit dem Zug weg von Czapstornajo. Keiner wusste genau, wohin es gehen sollte, außer nach Laibach. Den ganzen Tag saßen wir zusammengepfercht in stinkenden Waggons, nichts zu beißen, und sahen zu, wie die Landschaft an uns vorbeikam. Geredet wurde nicht viel, jeder blies Trübsal und hing seinen eigenen Gedanken nach.

6. März. Gegen zehn Uhr kamen wir endlich in Laibach an. Zum Essen gab es immer noch nichts außer dummen Worten der Offiziere. Bis zwei Uhr nachmittags knurrten uns noch die Bäuche, dann gab es eine elende Suppe und etwas Grünzeug. So etwas warfen wir zu Hause immer den Schweinen als Futter vor. Davon wurde ein gestandener Mann nie und

niemals satt, höchstens schlecht. Auch herrschte ein furchtbarer Rummel. Den ganzen Tag standen wir dicht gedrängt im Hof einer Schule herum, froren erbärmlich und warteten darauf, dass es irgendwie weiterging. Aber das viele und dumme Herumstehen ist beim Militär ja ganz normal.
Abends gab es für jeden ein bisschen miserablen Kaffee zum Aufwärmen, dann wurden wir endlich in die Schule einquartiert. Niemand wusste, warum das so lange dauerte. Danach ging ich ins Kino, um mich etwas abzulenken. Auch war es dort angenehm warm.

7. März. Heute war allgemeine Präsentierung und ich wurde als gesund und kriegstauglich anerkannt. Den ganzen Tag war nur Fasten und dumm im Hofe Herumstehen. Ich hatte das Gefühl, dass die Offiziere selber alle nicht wussten, was man machen sollte.

8. März. Es war immer noch dasselbe. Wir standen in Reih und Glied im Schulhof und warteten auf weitere Befehle. Dazu war es heute wieder erbärmlich kalt und ein kräftiger Regenschauer durchnässte uns völlig. Am Abend ging es wieder zum Bahnhof. Ich war schon froh, wenn es wieder irgendwie weiterging. Ich schickte mich in Gottes Schicksal, der mich schon so oft sicher geleitet hatte. Um 11 Uhr abends fuhren wir ab.
9. März. Um acht Uhr in der Frühe kamen wir nach Obczina. In einer elenden dreckigen Bude wurden wir einquartiert. Es gab nichts zu essen und auch nichts zu rauchen. Wir waren richtige traurige Seelen. Von der nahen Front hörte man lebhaftes Geschützfeuer. Das machte unseren guten Hamur wieder ganz kaputt und viele Männer wurden ganz nachdenklich.

10. März. Welche Überraschung, ich wurde zu meiner alten Maschinengewehrabteilung versetzt. Das war ein Hallo, als ich meine alten Kameraden wiedertraf, alle gesund und wohlbehalten. Wir waren als Reserve in Klein-Reppen. Vis-à-vis lag Groß-Reppen und Cveronitschi.

11. März. Heute war Kirchgang, das ganze Regiment nahm geschlossen daran teil. Danach wurde ein großer Wirbel entfacht. Allgemeines Put-

zen war angesagt, auch mussten wir regelmäßig antreten und Beschimpfungen über uns ergehen lassen. Es waren viele neue Kameraden dabei, die ich noch nie zuvor gesehen hatte. Die Offiziere und Chargen schikanierten uns schrecklich. Ich weiß gar nicht, was wir Schlimmes angestellt haben.

12. März. Unser Dienst wurde noch verschärft. Den ganzen langen Tag mussten wir Exerzieren und Umherlaufen wie in der Grundausbildung. Immer wieder wurden wir dabei angetrieben und schrecklich dressiert. Nichts machten wir richtig, egal, wie oft wir es auch wiederholen mussten. Dazu der Regen, der uns alles noch zusätzlich verdrießte.

13. März. Immer wieder dasselbe, ich hatte das Gefühl, man wollte uns für dumm verkaufen. Die ganze Zeit hieß es immer nur Antreten und dann wieder zurück und Putzen. Am Nachmittag war Inspizierung, aber da war es nicht besser. An allem gab es etwas auszusetzen, es war schon schlimm bei uns.

14. März. Das war der Tag von Oberst Kneifel. Wir wurden von ihm schrecklich dressiert. Den ganzen langen Vormittag ließ er uns exerzieren und keine noch so kleine Pause eines müden Soldaten entging ihm. Am Nachmittag waren Geländeübungen angesagt, wobei dem Oberst viele schreckliche Gemeinheiten einfielen. Viele Männer blieben erschöpft im größten Dreck liegen und wurden trotzdem weitergetrieben. Wir mussten alles wiederholen, was wir irgendwann gelernt hatten, aber Oberst Kneifel wollte immer noch mehr von uns, war nicht sattzubekommen. Hoffentlich wurden wir bald von dem verrückten Mann erlöst. Schlimmer konnte der Feind auch nicht wüten.

15. März. Am Vormittag war auf einmal Alarm und wir mussten alle ausrücken. Aber glücklicherweise brauchte man uns nicht und gegen Mittag kehrten wir wieder zurück. Am Nachmittag wurde mir schon wieder der verfluchte Inspektionsdienst aufgebrummt mit ein paar Kameraden. Da hieß es wieder viel Herumlaufen und wurden schrecklich dressiert. Am Abend begann erneut ein furchtbares Artilleriefeuer, das sich die ganze Nacht nicht beruhigen wollte und uns nicht schlafen ließ.

16. März. Für mich war heute ein relativ ruhiger Tag. Bis Mittag hatte ich Dienst, wo ich viel Dummes und Überflüssiges erledigen musste, am Nachmittag hatte ich frei. Ich schlief ein wenig und schrieb in mein Tagebuch.

17. März. Ich war ganz marod heute, ich weiß auch nicht warum. Es gibt eben so Tage, an denen man sich selber nicht leiden kann und jedem aus dem Weg geht. Am Vormittag mussten wir ausrücken, aber wieder war falscher Alarm. Am Nachmittag war der Befehl allgemeine Reinigung.

18. März. Heute war eine Feldmesse und das ganze Regiment nahm daran teil. Danach hatte ich frei. Am Nachmittag ging ich mit mehreren Kameraden spazieren, um frische Kraft zu tanken. In der Nähe lagerte ein großes Fliegergeschwader und es war sehr interessant, unsere Luftwaffe einmal aus nächster Nähe zu sehen. Es waren alles freundliche Männer, die viel erzählten und alles erklärten, was wir wissen wollten.

19. März. Heute stand Scharfschießen auf dem Dienstplan und verschiedene Übungen. Das war ein Lärmen und Geknatter fast wie an der Front. Ich schoss ein paar Mal knapp daneben und wurde sehr beschimpft als elender Verschwender.

20. März. Heute war es dasselbe. Die meiste Zeit mussten wir schießen, danach war noch ein wenig Exerzieren und Defilieren, damit es uns nicht zu langweilig wurde, wie ein Leutnant meinte. Mir wäre ein dienstfreier Tag oder Heimaturlaub viel lieber gewesen.

21. März. Wir marschierten nach Obschina hinein zum Baden und Entlausen. Danach ging es wieder zurück, und am Nachmittag war Schule und Belehrungen.

22. März. Am Vormittag hieß es ausrücken. Im strammen Marsch ging es der Front entgegen, von wo uns das Artilleriefeuer schon entgegenklang. Alles war ruhig, niemand sprach ein Wort. Aber es war Gott sei Dank wieder umsonst. Man wartete ein paar Stunden, dann hieß es, man braucht uns nicht mehr, und wir kehrten erleichtert ins Lager zurück. Am

Nachmittag hatte ich gleich drei Wachen, war aber auch nicht viel los.

23. März. Ich hatte wieder Wachtdienst und musste verschiedene Dinge auf Befehl erledigen. Dabei kam ich mir vor wie ein dummer Laufbursche. Danach war Monturen- und Gewehrreinigen.

24. März. Es war große Inspektion. Unsere Offiziere waren sehr nervös und aufgeregt, schrieen sich selber an und beschimpften uns, wenn wir ihnen unter die Augen traten. Lange wussten wir nicht, was los war, dann erfuhren wir endlich, was das ganze Theater sollte: Es kamen verschiedene Exzellenzen, um die Truppen zu studieren. Als es endlich soweit war, musste das ganze Regiment mit voller Montur antreten. Wir wurden von ein paar altersschwachen Generälen angeschaut, bei denen ich mir nicht vorstellen konnte, dass sie selber schon einmal im Felde waren, danach mussten wir fürchterlich dressiert werden, bis sie wieder grußlos abfuhren. Danach kehrte wieder der normale Alltag ein bei uns.

25. März. Heute war wieder allgemeiner Kirchgang, dann hatte ich dienstfrei. Ich ging ein wenig spazieren und schrieb einen Brief in die liebe Heimat.

26. März. Wir übten die meiste Zeit mit dem Maschinengewehr, Defilieren und Grüßen und wurden behandelt wie dumme Schuljungen. Am Nachmittag hatte ich Lagerwache, aber es war nicht viel los außer starker Regen. So war ich in Gedanken oft in der Heimat und ärgerte mich darüber, dass ich keinen Urlaub bekam.

27. März. Auch heute wieder der übliche Alltag in unserem Regiment. Alles mögliche machten wir, nur nichts Rechtes. Alles diente wohl in erster Linie zur Beschäftigung von uns Soldaten. Am Nachmittag hatten wir Belehrung über viele Dinge, die wir schon lange wussten und das nichts Neues für uns war. Es gab wohl unter den Offizieren ein paar Männer, die meinten, sie hätten es nur mit einem großen Haufen Dummköpfen zu tun.

28. März. Nur zu gut kann ich mich noch an die vielen schrecklichen hohen und steilen Berge erinnern, die ich schon im Sturm, Schnee und Beschuss hinauf- und hinabgerannt bin! Mit Schrecken denke ich daran zurück. Umso mehr graute es mich, als wir eine Steigeübung an einem gefährlichen Felsen machen mussten. Ein verrückter Oberst, noch viel verrückter als damals der Major, kommandierte die Übung. Er schikanierte uns, wie er nur konnte und machte uns das Leben schwer. Es war ein Wunder, dass kein Unglück passierte. Am Abend kamen wir ganz kaputt zurück.

29. März. Heute gab es ein großes Fest für die 91er. Es wurde schon lange für diesen Tag alles vorbereitet, dazu war auf einer großen Wiese in der Nähe ein Rummelplatz. Jeder, der wollte, konnte dort seine Kunst zeigen. Das war ein großes Spektakel, über das sich die Zuschauer halb totlachten. Ich schaute auch eine Weile zu, es interessierte mich aber wenig. Es gab Turner anzuschauen, Ringkämpfer, Boxer, Sackhüpfer, Paraden und Wettläufer und verschiedene Komödianten. Viele hohe Offiziere waren anwesend und nahmen ebenfalls teil an dem verrückten Spektakulum. Da konnte man mal wieder sehen, dass die Welt ein großes Narrenhaus ist. Auf der einen Seite schießen sich die Menschen tot und wissen nicht einmal warum, und auf der anderen Seite benehmen sie sich wie der dumme August.

30. März. Wohin man auch sah, alle waren vom gestrigen Tag marod und hatten schlechten Hamur. Ich hatte auch ein wenig zuviel getrunken und noch Kopfschmerzen. So machten wir heute auch nicht viel, wurden weitgehend geschont für kommende Taten. Wir übten ein wenig Angreifen im Felde und hatten den restlichen Tag Schule.

31. März. Heute war Baronübung, viel Arbeit, viel Aufregung und viel Geschrei um nichts. Am Abend sahen wir alle aus wie die Schweine, konnten vor lauter Dreck fast nicht mehr gehen.

1. April. Ich ging zur Feldmesse und hatte den ganzen Tag dienstfrei. Ich brachte meine Montur in Ordnung und schrieb in mein Tagebuch.

2. April. Es war wieder einige Aufregung bei uns im Regiment, denn es hieß, dass wir wieder an die Front sollten. Wir packten alle unsere Rüstungen zusammen und hatten verschiedene Belehrungen.

3. April. In der Nacht um 1 Uhr war Abmarsch an die Front. Ich hoffte darauf, dass es wieder falscher Alarm war und wir im Laufe des Tages wieder zurückkonnten, aber diesmal war es anders. Nach einem kräftigen anstrengenden Marsch kamen wir um zehn Uhr zu einer Doline, wo wir als Reserve blieben. Die Doline befand sich in einem elenden Zustand, alles war zusammengerissen, auch stand keine Baracke mehr. Wir mussten erst etwas aufräumen, um Platz zu haben. So machten wir eben Freilager.

4. April. Wir wurden wieder beschossen. Der Himmel war voll Flieger und da wir keine rechte Deckung hatten, waren wir unseres Lebens nicht mehr sicher. Wir liefen immer wieder herum, um so das Treffen zu erschweren, konnten aber nicht verhindern, dass ein paar Kameraden getötet und schwer verwundet wurden. Abends zogen wir im Schutze der Dunkelheit in eine andere Doline um, wo wir es etwas besser hatten. Die feindliche Artillerie war die ganze Zeit auch sehr in Tätigkeit.

5. April. Wir mussten den ganzen Tag fleißig arbeiten, um uns in der Doline richtig einzurichten. Ich hatte schon wieder Inspektion beim Herrn Oberleutnant, was mir gar nicht gefiel. Abends begann von neuem ein schreckliches Artilleriefeuer von beiden Seiten, die Kugeln pfiffen uns nur so um die Ohren. Wir bekamen auch einige Treffer ab, dass ein paar Baracken in die Luft flogen. Auch hatten wir einige Verluste zu beklagen. Gott beschützte mich. Wir flohen in die Kavernen.

6. April. Bis zum Mittag hatte ich Dienst, dann durfte ich mich für den restlichen Tag ausruhen. Ich lag auf einer Pritsche, versuchte zu schlafen, was bei dem Lärm aber nicht gelang und war ganz in Gedanken vertieft. Ich kümmerte mich nicht mehr um die Schießerei, war weit weg in der Heimat.

7. April. Auch heute gab es nicht viel zu tun für uns. Wir mussten in Deckung bleiben und die feindlichen Aktivitäten beobachten. Es war ein sehr kalter Tag, vor allem in den Baracken froren wir sehr.

8. April. Ostersonntag. Der heutige Feiertag war ein einziger großer Skandal. Anstatt den Tag wenigstens mit einer kurzen Messe zu gedenken, mussten wir in der Kaverne arbeiten wie Verrückte und viele Steine sprengen, die im Wege lagen. Abends hatte ich genug von der elenden Schinderei und verduftete mich. Um mich abzulenken dichtete ich.

9. April. Heute war es dasselbe Theater. Ich war aber nicht so dumm wie gestern und machte nur das Allernotwendigste. Irgendwann wird mal jeder schlau.

10. April. Heute war es wieder sehr gefährlich, es herrschte eine rege Artillerie- und Fliegertätigkeit. Wir waren alle auf der Hut und ich blieb brav in meiner Deckung und rührte mich nicht.

11. April. Es war die Rede vom Ablösen. Wir Soldaten an den Maschinengewehren hatten es immer besser als die anderen Truppen. Wir machten sehr wenig, blieben brav in unserer Deckung und rührten uns nicht und zählten die verrinnenden Stunden. Um zehn Uhr abends kam endlich die Ablösung, die wir freudig empfingen. Es war ein starker Marsch zurück nach Nagressina. Um 1 Uhr nachts kamen wir an.

12. April. Auch heute machten wir nicht viel. Wir erholten uns von den Schrecken und Strapazen der Front und reinigten unsere Habseligkeiten. Wenn jeder Tag so gemütlich wäre beim Militär, dann könnte man es hier ganz gut aushalten.

13. April. Zunächst hatten wir einen großen Garten umgestochen, damit wir etwas zu tun hatten, danach ging auch schon wieder der alte Ärger los. Wir mussten alle exerzieren und wurden dabei sehr durch die Gegend gescheucht. Ich hatte es allmählich richtig satt.

14. April. Am Vormittag hatten wir verschiedene Schulungen, am Nachmittag mussten wir eine Straße pflastern, die viele große Löcher hatte von explodierten Granaten. Das war auch so eine elende Arbeit. Ich hatte die ganze Zeit schlechten Hamur und machte nur das Notwendigste.

15. April. Heute war Kirchgang, dann hatte ich dienstfrei. Ich schrieb wieder einen Brief nach daheim und machte einen Spaziergang zum Zeitvertreib. Auch hatte ich bis jetzt noch nichts davon gehört, ob ich einen Urlaub bekomme oder nicht. So lange war ich nicht mehr zu Hause, mir wurde es ganz wehmütig ums Herz, wenn ich daran dachte. Wie es wohl meinen Lieben ging?

16. April. Heute hieß es wieder schwer arbeiten und weiter die Straße ausbessern. Ich konnte mich heute nicht drücken, denn andauernd scharwenzelten irgendwelche Chargen in meiner Nähe herum. Trotzdem machte ich nur das Notwendigste und tat nur so als ob. Auch war die Menage heute erstaunlich gut. Es gab Fleisch und Brot, aber einen ganz schlechten Kaffee.

17. April. Wir hatten wieder verschiedene Schulungen über Dinge, die wir schon lange auswendig wussten und die wir immer wieder vorgekaut bekamen. Mir war sehr zeitlang, machte aber gute Miene zum schlechten Spiel. Auch hatten wir eine Baracke zu reparieren, die nach Streitereien demoliert wurde.

18. April. Unser Regiment marschierte geschlossen in der Frühe los im großen Bogen nach Bocrosico. Dort wurde gerastet und entlaust. Danach ging es im strammen Marsch zurück. So kann man auch einen Tag herumbringen.

19. April. Wir machten heute wenig. Ein wenig Gewehre reinigen, ein wenig Uniformen waschen und putzen. Die Hauptsache, man tat etwas, wenn man kontrolliert wurde. Auch schrieb ich wieder in mein Tagebuch und war in Gedanken viel in der Heimat.

20. April. Heute hieß es den ganzen Tag Straßen pflastern. Ich konnte diese verfluchte Straße schon nicht mehr sehen. Abends ging ich ins Kino, um mich abzulenken. Ich hatte schlechten Hamur und ärgerte mich über jeden bekannten und unbekannten Offizier, dem ich begegnete. Vor vierzehn Tagen hatte ich nämlich wieder um Urlaub nachgesucht und seitdem nichts mehr davon gehört. Man redete stattdessen schon wieder davon, in Stellung zu gehen. Und dann war es sowieso wieder vorbei mit dem Traum vom Heimaturlaub. Ich hatte einen richtigen Hass auf das ganze Militär und die Offiziere im besonderen. Aber dann, welche große Freude, um 10 Uhr abends, als ich zurückkam, musste ich mich sogleich in der Kanzlei melden. Ich bekam meinen Urlaubsschein und Reisegeld ausgehändigt. Da gab es natürlich kein Halten mehr für mich. Ich packte meine Sachen zusammen und legte mich ins Bett. Aber an Schlaf war nicht mehr zu denken. In Gedanken war ich schon längst daheim.

21. April. Um drei Uhr in der Frühe ging der Zug in Obschina weg und ich saß drin. Ich konnte mein großes Glück noch gar nicht fassen. Ich war ganz aufgeregt, die Fahrt ging mir viel zu langsam. Außerdem war sie eine große Strapaze. Um 4 Uhr nachmittags kam ich endlich müde und ganz steif vom vielen Sitzen in Stein an. Auch war ich hungrig wie ein Wolf und ganz kaputt. Trotzdem ging es mit Gott und mit Freuden weiter der teuren Heimat entgegen. Es war ein wunderschönes Gefühl, wieder nach Hause zu kommen nach so langer Zeit und die Lieben in die Arme zu schließen. Ich dankte dem Herrgott tausendfach für diese Gunst.

Der Urlaub ging am 8. Mai leider schon wieder zu Ende. Am 7. Mai abends nahm ich schweren Herzens Abschied von der lieben Heimat. Es war unendlich schwer für mich, alle Lieben nochmals zu verlassen und wieder in das schreckliche Kriegsgetümmel hinaus zu ziehen. Leider gab es kein Erbarmen. Der Krieg lag nun schon im dritten Jahr und ein Ende war leider noch nicht abzusehen. Wo mag das noch enden mit dieser Welt? Um acht Uhr früh war ich schon in Wien. Der Zug war für meinen Geschmack viel zu schnell, hätte ruhig langsamer fahren können. Es war ein ganz entsetzlicher Wirbel auf den verschiedenen Bahnhöfen und die Fahrt war ganz miserabel.

9. Mai. Die Zugreise zog sich auf einmal unendlich hin. An mehreren Bahnhöfen gab es lange Aufenthalte. Am Abend erst kam ich in Marburg an. Zum Glück hatte ich viel Menage von Zuhause mitbekommen, da musste ich wenigstens nicht hungern. Leider konnte ich nicht richtig schlafen bei dem vielen Lärm.

10. Mai. In der Frühe kam ich endlich in Obschina ganz kaputt an. Dann ging es zu Fuß weiter. Mit großer Mühe und unter großen Anstrengungen kam ich am Nachmittag wieder zu meinem Bataillon und zu meinen Kameraden in Marinice. In der kurzen Zeit, in der ich nicht da war, waren einige treue Kameraden nicht mehr, sie hatten für immer und ewig ausgekämpft. Ein paar waren auch gerade in der Stellung draußen. Am Abend wurde ich gleich wieder zum Wachtdienst eingeteilt, denn an der Front war es sehr lebhaft. Mir wurde ein heißer Empfang bereitet, kaum dass ich auch dem Feind wieder ins Auge blickte. Auch mussten wir notgedrungen aus unserer Doline ausziehen, denn wir hatten ein paar Volltreffer abbekommen. Das war ein schrecklicher Wirbel. Auch Zivilvolk erwischte es bei der wilden Schießerei.
11. Mai. Gegen Mittag marschierten wir weg nach Voglie, einer kleinen idyllischen Ortschaft in einem Tal. Die Sonne brannte vom Himmel herab auf uns nieder. Es wurde ein schrecklicher Marsch. Ich musste auch noch zwei Rüstungen tragen, denn ein Kamerad befand sich noch in der Stellung. Ich wurde immer mehr abgehängt und verlor die Kameraden alsbald aus den Augen. Auf die zurückgefallenen Soldaten wurde keine Rücksicht genommen und auch nicht gewartet. Ich verirrte mich prompt in dem unwegsamen Gelände und konnte meine Leute nicht mehr finden. Um 2 Uhr nachts kam ich nach lauter Herumirren endlich wieder hin, völlig durchnässt vor lauter Schweiß und ganz kaputt. Zur Belohnung wurde ich auch noch fürchterlich ausgeschimpft und beleidigt. Da macht man das Menschenmöglichste, und das ist der Dank! So etwas gibt es eben nur beim Militär.

12. Mai. Durch den langen schweren Marsch und der viel zu kurzen Nacht war ich sehr müde, hatte aber trotzdem in aller Frühe schon wieder Dienst. An der Front war es nicht angenehm. Auch als Reserve hatten wir einige Volltreffer zu verbuchen. Überall war es voll Flieger, die

uns das Leben schwer machten. Die große Hitze machte uns allen noch zusätzlich zu schaffen. Den ganzen Tag hatten wir immer Arbeit, meistens Aufräumungsarbeiten. Wie schön war es doch in der Heimat, und wie friedlich!

13. Mai. In der Frühe holten wir unsere Kompanie ab, es war ein schreckliches Trommelfeuer. Wir gaben so gut es ging mit unserer Rückendekkung Paroli, konnten aber leider nicht verhindern, dass wir viele Verwundete hatten und auch etliche Tote. Eine neue Offensive stand uns bevor. So viel hatte ich nun schon durchmachen und schon so viel Leid miterleben müssen, dass es wahrlich genug wäre, und jetzt soll es also noch einmal dazu kommen. Unglaublich. Der Kadorner machte uns das Leben schwer. Gott möge uns die nötige Kraft verleihen. Am Nachmittag hatte ich auch noch Inspektion. Auch war ich sehr müde, wollte nichts als schlafen.

14. Mai. Heute hatte ich ziemlich Ruhe. Ich konnte auch ein wenig schlafen. Auch von der Front her war es nicht so laut wie sonst. Die Ortschaften waren hier sehr nahe, aber es war ein schlechtes Terrain. Wohin man auch schaute, lauter Steine und Berge. Wie leicht konnte man da überfallen werden, wenn man nicht aufpasste. Den ganzen Tag war ich am Beobachten und Spekulieren.

15. Mai. Unsere Reserveportionen wurden genau visitiert und wehe, einer hatte sie schon verputzt. Das heilige Donnerwetter kam auf ihn herab. Auch unsere Pferde erlitten ein ähnliches Schicksal. Die armen Tiere waren ganz unruhig, sie grasten und rupften wild. Oh welches Elend, wohin man auch blickte!

16. Mai. Heute waren wir entlausen. Wenn wir schon dem Feind entgegentreten, dann soll das sauber und anständig passieren. Ansonsten hatten wir Ruhe, machten wir nicht viel. Ich hatte Zeit, wieder einen Brief nach Hause zu schicken.

17. Mai. Am Vormittag war eine Feldmesse, wo viele Regimenter zusammenkamen und dem Geistlichen lauschten. Am Nachmittag hatte

ich Brunnenwache, war aber sehr ruhig. Das einzige Dumme war, dass immer viele Offiziere vorbeikamen.

18. Mai. Das Regiment musste schnell ausrücken, es war aber nur eine Übung. Ich hatte Dienst, musste wieder als Posten stehen und wurde davon verschont. Hinterher war Exerzieren, da musste ich leider auch mitmachen. Es war aber nicht sehr schlimm. Am Nachmittag war dann Chargenbeförderung. Ich war ganz überrascht, denn ich hatte das Glück, dafür ebenfalls ausgesucht worden zu sein. Ich nahm es aber nicht an, deshalb wurde ich schrecklich beschimpft vom Herrn Leutnant. Ich ließ es aber geduldig über mich ergehen und ließ mich auch nicht dazu überreden. Nach dem Antreten hieß es noch, wir sollen marschbereit sein. Am Abend wurde es aber wieder abgesagt.

19. Mai. War heute wieder ein elender Tag, an dem wir viel schikaniert wurden. Den ganzen Tag war Übung über Sturmangriff. Wir rannten den ganzen Tag wie die Dummen hin und her, schossen Löcher in die Luft und wurden sehr dressiert. Als am Abend die ersten Männer erschöpft und kaputt liegen blieben und nicht mehr aufstehen wollten, war die Übung fertig. Trotzdem war die ganze Nacht keine Ruhe. An der Front schossen sie wie die Verrückten. Auf beiden Seiten wurde alles zusammengehauen, und die Verluste auf beiden Seiten nicht wenig.

20. Mai. Morgens um 4 Uhr hieß es auf und Abmarsch. Um 8 Uhr kamen wir nach Kosevelle, danach marschierten wir über Tuglie nach Grenawotsch ganz stramm immer auf und ab. Am Ziel angekommen war gleich Material putzen und dann auch noch die gesamte Ausrüstung. Dann hatten wir endlich Ruhe.

21. Mai. Heute war nicht viel los für uns. Wir richteten uns in den Baracken ein, hatten Wache oder frei.

22. Mai. An der Front tobte furchtbar das Feuer, man konnte meinen, es wäre ein starkes Gewitter. Die Erde bebte auch bei uns, die wir noch ein Stück entfernt lagerten, von den vielen schweren Haubitzen. Aber unsere Offiziere blieben ruhig, beobachteten nur immer wieder den

Kampf mit den Ferngläsern. Es war Monturfassen und dergleichen. In der Nacht wurde das schreckliche Trommelfeuer noch viel schlimmer, ich dachte bald, dass wir noch in die Stellung müssen. Aber für uns blieb es trotzdem ruhig.

23. Mai. In der Frühe wurde es immer heftiger. Wir wurden zum Antreten zusammengetrommelt und eingeteilt. Auch waren wir marschbereit. Den ganzen Tag standen und hockten wir dumm und nervös herum und warteten auf neue Befehle. Erst am Abend wurde mit Gott wegmarschiert. Die ganze Nacht marschierten wir der Front entgegen und der Wirbel um uns herum war nicht zu beschreiben. Wohin man auch schaute, alles war voller Militär und Militärautos und Karawanen. Wir ließen uns
aber nicht aufhalten und marschierten immer nur stramm vorwärts.

24. Mai. In aller Herrgottsfrüh, noch vor dem Morgengrauen, kamen wir in Woischice direkt an der Front an. In einer Doline warteten wir auf weitere Befehle. Es war furchtbar und nicht zum Beschreiben, was das für ein schreckliches Feuer war. Wir waren darüber ganz außer Fassung, dazu war es auch in den frühen Morgenstunden unerträglich heiß und schwül. Um 8 Uhr betete ich zum Herrgott um Schutz, denn es hieß auf und im größten Trommelfeuer vorgehen, schnell und weit und in Rauch und Pulverdampf gehüllt. Es war entsetzlich. Die Hälfte von uns blieb schon beim Vormarsch für immer auf dem Schlachtfeld liegen. Es war furchtbar, was wir ausstanden. Es kamen Gasgranaten angeflogen und laufend wehrten wir Angriff um Angriff ab. Ein großes Wunder, dass ich nicht einen einzigen Kratzer abbekam. Manchmal mussten wir auch zurückweichen, aber wir stießen immer wieder aufs Neue vor. Den ganzen langen schrecklichen Tag wehrten und kämpften wir wie die Löwen und mussten schließlich dennoch den Katolner wiechen. Ihre Übermacht war einfach zu groß.
So gingen wir ihnen aus dem Weg und rückten vor bis Selo. Wir waren nur noch ein kleines, schäbig aussehendes Häufchen übermüdeter Männer. Die meisten Kameraden kannte ich gar nicht, es war von vielen Regimentern zusammengesetzt. Wir litten schrecklichen Durst, waren ganz durchnässt vom Schweiß, schwarz vom Pulver und Rauch, zerris-

sen, verdreckt und überall voll Blut. Aber Gott hielt seine schützende Hand über uns. Ich war ganz nervös und durcheinander, auch war mir zum Weinen zumute.

25. Mai. Wir waren nur noch einige wenige Männer. Unser ganzes Regiment war kaputt und zusammengeschossen. Trotzdem gab es kein Pardon für uns, viele Kameraden brauchten unsere Hilfe, auch wenn wir selber nicht mehr konnten. Ununterbrochen folgten Angriff auf Angriff von beiden Seiten, so ein schreckliches Gemetzel und Blutbad habe ich noch nie gesehen. Wohin man auch sah, ganze Haufen Tote und noch mehr Verwundete. Das war ein einziges großes Stöhnen und Jammern, das noch zusätzlich auf das Gemüt drückte. Doch das ohrenbetäubende Kampfgetümmel übertönte alles. Alle Dolinen waren voller Verwundeter und mussten vor Durst verschmachten.
Und es wurde statt besser immer noch ärger. Wir waren ein paar Kameraden bei einer halb zerschossenen Mauer. Das Schlimmste dabei war, dass wir uns genau im Kreuzfeuer befanden. Der Feind und auch unsere Artillerie machten ein schreckliches Feuer, und wir konnten nicht genug in Deckung gehen, denn es ging auch oft auf uns. Es wäre dumm, wenn man jetzt schon so lange im Krieg ist und dann wird man ausgerechnet von den eigenen Leuten zusammengeschossen oder in die Luft gesprengt.

26. Mai. Wir hockten nur mehr ein paar Mann in einer ungemütlichen Grotte in banger Erwartung, was da noch alles auf uns zukam. Dann verlangte man von mir allen Ernstes, ich sollte Ordonnanz machen. Jetzt, beim größten Massensterben, wollten die Offiziere auch noch fürstlich bedient werden. Aber es half kein Sträuben, Befehl ist Befehl. Im ärgsten Granatenfeuer lief ich von einer Doline zur anderen, über Drahtverhaue und Steine, über Tote und Verwundete. Wie mir dabei zumute war, lässt sich nicht beschreiben. Vor Angst starb ich dabei tausend Tode. Das Feuer war furchtbar.
Mit Glück fand ich noch einige unserer Leute. Ich konnte kaum noch stehen und meine Augen offen halten vor Erschöpfung. Aber mit Gott überstand ich auch das unverletzt. Es gab aber keine Rast, gegen Mittag mussten wir mit unseren Gewehren auf der Straße Stellung nehmen. Man

erhoffte sich von dort neue Angriffe und wollte dem Feind einen gebührenden Empfang bereiten. Doch ich konnte mir nicht vorstellen, wie wir das machen sollten, wir waren nämlich nur armselige drei Mann.
Der sonst so schöne strahlendblaue Himmel war eine einzige undurchdringliche schwarze Rauchwolke vom Pulverdampf, das ganze Terrain rings um uns herum bestand nur noch aus Steinen, Dreck, Eisenstücke und Feuer. Weil es zu gefährlich wurde, mussten wir uns nach links verschieben. Abends war es besonders grässlich. Der Beschuss war fürchterlich. Alles war voll Tote und Verwundete. Es ist nicht zu ertragen, wenn man treue Kameraden neben sich auf so fürchterliche Weise sterben sieht. Und wofür?
Im größten Feuer machten wir schnell einen neuen Gewehrstand, zogen die Köpfe ein und schossen auf den Feind, ohne zu sehen, wo er sich überhaupt befand. Stundenlang. Wir dachten gar nicht daran, was wir taten, die Welt um uns herum versank im grenzenlosen Elend. Nach Mitternacht hatten wir einen Volltreffer. Wir flogen durch die Wucht des Einschlags zurück, das Maschinengewehr und viele Steine auf uns. Aber Gott in seiner unendlichen Güte beschützte uns wieder. Wir hatten nur einige Beulen und Kratzer und Abschürfungen. Das Gewehr aber war beschädigt und nicht mehr zu gebrauchen. Wir gingen schließlich hinab in die Doline und waren ganz blöd und kaputt. Wir wollten nur noch schlafen, nicht einmal essen und trinken.

27. Mai. An Schlaf war leider auch weiter nicht zu denken. Ein wenig Menage und schon ging es weiter. Das Feuer war zwar etwas schwächer, doch mussten wir auch weiterhin tüchtig abwehren. Es war der heilige Pfingstsonntag. Abends wurden wir abgelöst, vor lauter Müdigkeit und Erschöpfung konnten wir uns nicht mehr freuen. Wir waren nur mehr ein paar armselige Mann, die im ärgsten Feuer mitsamt Material im Laufschritt zurückrannten und dabei Haken schlugen wie Hasen. Es ist unglaublich, was der Mensch in extremen Situationen zu leisten vermag.

28. Mai. Mit Gottes Hilfe kamen wir in der Frühe wohlbehalten nach Sagretz. Dort war Menagefassen, es war aber denkbar schlecht. Danach hieß es abwarten auf weitere Befehle, denn es entwickelte sich plötzlich ein furchtbares Trommelfeuer. Wenn nötig, mussten wir wieder zurück.

Ich war so kaputt, dass ich trotz des Radaus einschlief. Gott sei Dank wurde es wieder ruhiger. Um 8 Uhr marschierten wir weiter, waren über und über voll Dreck, zerrissen und ganz nervös. In einer Doline machten wir Freilager. Es wurde fast kein Wort gesprochen, auch die Offiziere blieben stumm. Ich sah mich unter meinen Kameraden um und schüttelte fassungslos den Kopf. Viele gute Kameraden fehlten, würden nie mehr kommen.

29. Mai. Heute machten wir nicht viel, weil wir einfach nicht mehr konnten. Das sahen auch die Offiziere ein und drückten ein Auge zu. Wir schliefen, putzten oder schrieben ein wenig. Wer wusste schon, ob das morgen noch möglich war. Abends packten wir alles zusammen und zogen in eine andere Doline weiter. Dort herrschte das gleiche Elend.

30. Mai. Heute waren wieder verschiedene Arbeiten, meistens aufräumen und Trümmer beseitigen. Das ging alles sehr langsam, denn wir waren alle noch ganz kaputt von den zurückliegenden Strapazen. Auch machte uns die unmenschliche Hitze sehr zu schaffen. Man wurde ganz blöd dabei, wenn man in der Sonne blieb.

31. Mai. Mir fuhr der Schreck in alle Glieder, denn es war schon wieder die Rede davon, zurück in die Stellung zu gehen. Mir wurde ganz schlecht, als ich davon erfuhr. Wie lange sollte dieses sinnlose Morden noch weitergehen? Auch sollten wir einen Berg erstürmen, den wir verloren hatten. Am Nachmittag gingen schon die Orientierer voraus. Ich war so aufgeregt und ganz krank. Die Angst hatte mich gepackt und ließ mich nicht mehr los. Als ich einmal allein war, weinte ich sogar ein paar Minuten lang wie ein kleines Kind. In der Nacht fantasierte ich im Schlaf.

1. Juni. Es war wieder ein sehr heißer Tag, fast nicht auszuhalten. Ich erhielt Post von daheim, was mich sehr freute und mich auch wieder aufrichtete. Doch leider konnte ich nicht sprechen mit meinen Lieben, das hätte mir noch viel mehr geholfen. Wenigstens hatten wir unsere Ruhe und konnten uns einigermaßen erholen. Wenn nur die Menage besser wäre, um auch zu Kräften zu kommen.

2. Juni. Wir waren alle baden in einem nahen kleinen Fluss. Bei dem heißen Wetter war das eine richtige Wohltat. Ich wollte gar nicht mehr heraus aus dem Wasser, erst als ein Offizier zu schimpfen begann, kam ich wieder ans Ufer. Danach wurde alles marschbereit gemacht zum in Stellung gehen. Sofort wurde mir wieder das Herz schwer, mein bisschen guter Hamur war wieder verflogen. Um neun Uhr abends, im Schutze der Dunkelheit, war Abmarsch, wieder dem mörderischen Treiben entgegen.

3. Juni. Um ein Uhr in der Früh waren wir bei Derdovica auf einem hohen Berg in einer Kaverne. Es herrschte ein schreckliches Artilleriefeuer. Die ganze Kaverne zitterte, alles war voll Treffer. Wir verhielten uns aber ruhig und warteten auf neue Befehle.

4. Juni. In der Frühe erhielten wir den Befehl anzugreifen. Der Schuft von Feind musste weichen, wir durften kein Pardon geben. Sieg oder Untergang hieß die Parole. Es herrschte ein schreckliches und gnadenloses Trommelfeuer, und ich betete zu Gott, dass er uns beschützen möge. Den ganzen Tag tobte ein schreckliches Feuer, nicht zu beschreiben. Viele tapfere Männer auf beiden Seiten mussten wieder ihr Leben auf dem Felde der Ehre lassen. In der Nacht wurde es etwas ruhiger. Der Feind zog sich an einigen Stellungen zurück.

5. Juni. Am Morgen wurde die Schießerei immer ärger. Die feindliche Artillerie schoss furchtbar auf alles, was sich bewegte. Ich war ganz kaputt. Wir wurden auch mit schweren Granaten beschossen, da hieß es den Kopf einziehen und hoffen, nicht getroffen zu werden. Abends gingen wir vor mit Gott.

6. Juni. In der Frühe machte unsere Artillerie wieder ein schreckliches Feuer. Nachdem wir zunächst noch einmal zurückgeschlagen wurden, gingen wir noch einmal vor. Es gelang uns diesmal auch, den Feind in unserem Abschnitt zu überrumpeln und schrecklich viele Gefangene zu machen, doch das Dorf, in dem uns das gelang, wurde mit schwerem Feuer belegt. Gegen Abend wurde es noch ärger. Es war ein schreckliches Kämpfen und Ringen. Der Feind hatte furchtbare Verluste, aber

auch wir mussten wieder viele Kameraden auf dem Schlachtfeld lassen. Abends gingen wir wieder vor in einen Graben, weil es sehr gefährlich für uns wurde. Aber leider waren alle Gräben zerschossen und boten auch nur wenig Deckung. Dazu noch diese grässliche Hitze. Auch die ganze Nacht war es sehr lebhaft und immer sehr gefährlich. Dazu hatte ich einen erbärmlichen Durst und nichts zu trinken, nicht einmal Wasser.

7. Juni. In der Frühe wurde es endlich ruhiger, es war eine richtige Wohltat, obwohl es immer noch gefährlich war. Dafür begann wieder eine große Fliegertätigkeit. Wir mussten uns wieder sehr in Acht nehmen und Deckungen aufsuchen. Auch waren wir ganz nervös und kaputt und sehr gereizt. Wir fügten uns in Gottes Hand. Ich dachte daran, was noch alles auf uns zukommen würde und war ganz verzweifelt.

8. Juni. In der Frühe wurden wir von einem starken Feuerüberfall überrascht, aber es wurde bald wieder ruhiger. Unsere Artillerie schlief nicht und gab entsprechend Paroli. Es war immer noch schrecklich heiß, die Sonne brannte gnadenlos auf uns nieder. Am Tag hockten wir wieder in einer stinkenden Kaverne in Deckung und hörten dem starken Kanonendonner zu. Abends kam noch ein starkes Gewitter auf, was uns alle sehr erfrischte. Ich fing das Regenwasser in meinem Helm, damit ich meinen großen Durst löschen und mich ein wenig waschen konnte.

9. Juni. Der Regen war so heftig und hielt so lange an, dass wir am Morgen im Wasser lagen. Es kamen auch frische Reserven nach, wir waren schon sehr schwach. Das gab etwas Abwechslung und Unterhaltung in unser tristes und beklemmendes Dasein. Trotzdem waren wir alle auf der Hut und ließen den Feind nicht aus den Augen, denn wir wollten nicht überrannt werden.

10. Juni. Am Morgen kam der Befehl, wir müssen weiter vor, die Stellung wechseln. Nach hinten wäre mir zwar lieber gewesen, aber was soll man machen als kleiner Soldat. Das Schreckliche dabei aber war, dass wir ausgerechnet über einen hohen, steilen Berg mussten. Im strammen Marsch wurden wir schwer beladen vorwärtsgetrieben, wer nicht mehr konnte

und zurückblieb, wurde schrecklich beschimpft und auch geschlagen. Total erschöpft kamen wir an unserem Ziel an, konnten fast nicht mehr. Wir waren schon ein recht armseliger Haufen, nicht anzusehen. Und mit so was will man einen Krieg gewinnen! Wir lösten einen Zug ab vom 30. Regiment.

11. Juni bis 13. Juni. Wir saßen hier wie auf einer Pulverkiste wie Schießbudenfiguren. Es war ein schrecklich gefährliches Gelage, die Stellung in einem hundsmiserablen Zustand, von einer gescheiten Deckung weit und breit keine Spur. Die feindlichen Tschingbumm schwirrten uns um die Köpfe. Wir standen Höllenängste aus, trotzdem bauten wir uns erst einmal einigermaßen vernünftige und sichere Stellungen. Es war einfach entsetzlich, was wir in diesen drei Tagen ausstanden. Dazu fast nichts zu beißen und zu trinken. Mein Gott, wie soll das bloß weitergehen! Wann hört dieses sinnlose Morden für nichts denn endlich auf? Wann kann ich endlich wieder meine Lieben daheim in meine Arme schließen für immer? Wann?

14. Juni. Wir hatten uns aus dem Bisschen und Notwendigsten, was uns hier zur Verfügung stand, eine armselige Bude gebaut. Trotzdem lagen wir nach wie vor in sehr schlechter Deckung. Wir glaubten, jeden Moment in die Luft zu fliegen. Die Kugeln schlugen immer dicht bei uns ein. Wir schossen zwar tapfer zurück, konnten aber nichts daran ändern. Aber der Herrgott war mit uns.

15. Juni. Immer noch diese quälende Hitze, die uns genauso zu schaffen machte wie der andauernde Beschuss. Ich lag bei einem großen Felsblock beim Maschinengewehr in Deckung, beobachtete das Gelände vor mir, schoss, wenn sich etwas regte und dachte dabei mit Sehnsucht an die liebe Heimat. Mir war es sehr schwer ums Herz, hatte das ganze sinnlose Morden so satt, würde dem allen am liebsten ein Ende setzen. Obwohl das größte Granatenfeuer herrschte, nahm ich mein Tagebuch und schrieb mir den Schmerz von der Seele. Dann war mir leichter. Auch hieß es, wir sollten wieder in Reserve gehen, doch es kam keine Ablösung.

16. Juni. Ich hockte in einer elenden Grotte, hatte nichts zu essen, nichts zu trinken und nichts zu rauchen. Es war immer noch sehr heiß und ich ganz kaputt. Am Abend wurden wir endlich abgelöst, aber ich konnte mich darüber nicht mehr recht freuen, auch weil ich viel zu müde dazu war. Wir gingen einige Gräben zurück als Reserve, ließen auch einen steilen Felsenberg hinter uns. Dann wurden wir plötzlich beschossen, wehrten aber tapfer ab. Es entwickelte sich wieder ein größeres Feuer, doch mit Gott kamen wir in eine schützende Doline.

17. Juni. In der Nacht wurde es nach längerer Zeit wieder etwas ruhiger. Der Befehl kam, dass bei der Nacht angegriffen werden sollte. Dem Katzelmacher war es nämlich gelungen, trotz unseres Beschusses den trennenden Drahtverhau zu öffnen. Es blieb aber erstaunlich ruhig.

18. Juni. Den ganzen Tag war nur schwaches Artilleriefeuer. Das war gut so. Da kam man wieder etwas zur Ruhe und zur Besinnung. Ich war schrecklich müde, hatte endlich auch Zeit zu schlafen und träumte von der Heimat. Für uns müden Krieger war dieser Tag zur Erholung gedacht, waren aber immer auf dem Sprung, dass es wieder losging. Auch beobachteten wir die ganze Zeit über das Gelände um uns herum, um gegen etwaige Überraschungen gewappnet zu sein.

19. Juni. Heute war es dasselbe. Wir erholten uns weiter. Ich fühlte mich trotzdem immer noch ganz kaputt. Auch waren wir alle voll Läuse und Dreck, nicht auszuhalten. Der Hunger war ebenfalls groß, aber woher nehmen und nicht stehlen?

20. Juni. Auch an diesem Tag änderte sich nichts. Wir lungerten in der Doline herum und warteten auf Ablösung. Aber die blieb wie so oft aus. Wenigstens mussten wir nicht kämpfen, ein schwacher Trost. Viele waren ganz krank, wollten endlich weg von hier. Ich auch. Ich hatte es restlos satt. Aber wir durften nicht ohne Befehl. Wir warteten darauf, dass man uns wieder brauchte und hörten dem Schießen an der Front zu. Wenn es nur endlich aufhören würde!

21. Juni. In der Frühe war ein überraschender Feuerüberfall. Wir hatten Alarm, es wurde aber wieder ruhiger und wir konnten bleiben. So waren wir weiter diesem nervenaufreibendem Warten ausgesetzt, Warten, dass es irgendwie weiterging, im guten oder schlechten Sinn. Wir saßen oder lagen nur da bei der Hitze und schauten dumm aus der Wäsche, jagten Läuse und Fliegen zum Zeitvertreib und beteten, dass endlich bald der Frieden kommen mag.

22. Juni. Mir war heute wieder schrecklich zeitlang, eigentlich ein gutes Zeichen dafür, dass man nicht zu kämpfen brauchte. Ich habe lange geschrieben und gedichtet. Ein paar Kameraden spielten Karten um Steine, einige suchten Läuse und so weiter. Viele versuchten zu schlafen und dabei die Schrecken des Krieges für kurze Zeit zu vergessen und auch den quälenden Hunger, aber die Artillerie spielte unverdrossen ihre tödliche Musik. Ununterbrochen war es immer das alte Donnern und Getöse. Man wollte wohl so lange schießen, bis kein Stein mehr auf dem anderen lag und alles Leben ausgelöscht war. Ich konnte mich gar nicht mehr daran erinnern, wie das ist, wenn einmal nicht geschossen wird und alles still und friedlich ist.

23. Juni. Die meisten von uns waren ganz mürrisch von dem ganzen Wirbel, schnauzten sogar die paar Offiziere an, wenn sie etwas wollten. Die übten sich in Nachsicht, denn ihnen ging es auch nicht besser als uns. Wir lagen in der Doline und machten so gut wie nichts. Der Magen knurrte, aber zum Beißen gab es so gut wie nichts. Am Abend kam endlich die versprochene Ablösung. Im Laufschritt und mit Freuden ging es zurück, soweit die Füße trugen.

24. Juni. Die ganze Nacht marschierten wir stramm durch, nichts konnte uns bei unserem Rückweg aufhalten. Die Offiziere brauchten uns gar nicht anzutreiben, obwohl wir ganz kaputt waren, schritten wir hurtig aus und ein paar von ihnen hatten sogar etwas Mühe, mit uns mitzuhalten. Am Morgen kamen wir nach Fuglie, waren ganz matt, zerrissen und voll Mist und Dreck. Wir schauten ganz furchtbar aus, fast nicht wiederzuerkennen und rochen auch ganz streng. Wir mussten baden und entlausen und bekamen etwas Menage, danach durften wir uns ein wenig

ausruhen. Das Schöne war, dass man von hier aus den Kanonendonner nur schwach hörte.
Am Nachmittag wurde der Befehl der Dekorierungen verlesen von der zehnten Offensive. Wir traten alle an und hörten zu. Wir, die wir alle so Furchtbares mitmachten und so viele Schrecken erlebten, die wir so oft dem Tod ins Auge blickten, bekamen natürlich nichts ab. Die Feigen in der Kaverne und die ganz hinten in der Küche, wo es zu essen und zu trinken gab, die bekamen Silberne an die Brust geheftet, genauso die Pferdewärter, Köche und andere Pfeifendeckel. Bei so viel Ungerechtigkeit soll doch der Teufel dreinschlagen.
25. Juni. Es war wieder, wie auch in den letzten Tagen, sehr heiß und schwül, fast nicht auszuhalten. Doch es war unglaublich, wir mussten exerzieren, obwohl unsere Uniformen und Ausrüstungen voller Dreck waren und wir schrecklich müde und kaputt. Ein junger süchtiger Leutnant draußen kannte kein Erbarmen mit uns. Er war erst frisch an der Front, wollte unbedingt auch eine Auszeichnung bekommen, war aber schrecklich feige, das merkten wir bald. Er dressierte uns, das war nicht mehr menschlich. Aber wenn er uns den Rücken zukehrte, ruhten wir uns aus und ließen ihn brüllen. Es fehlte nicht viel, und ein Kamerad hätte ihn für seine Dummheit einfach erschossen.

26. Juni. Es wurde Kriegsanleihe gezeichnet, gegen Abend marschierten wir von dem Tal weg und weiter zurück. Der Kaiser verlieh uns durch einen General für unsere große Tapferkeit und Ausdauer für zwei Monate Etapplierung die bronzene Tapferkeitsmedaille. Es war aber im Grunde nichts weiter als ein Stückchen Blech. Die Meldung, dass endlich Frieden ins Land einzog, hätte mich mehr gefreut. Danach wurde gleich weiter marschiert, ohne Rast die ganze Nacht hindurch, über Stock und Stein.

27. Juni. In aller Herrgottsfrühe kamen wir hundemüde und kaputt an unserem neuen Standort an. Wir wurden in einer alten muffigen Scheune untergebracht, wo wir erst einmal in das alte Stroh sanken und schliefen. Danach war großes Putzen und Waschen. Was da an Dreck von uns herabging, ist nicht zu beschreiben.

28. Juni. Heute war den ganzen Tag Material putzen. Wir ließen uns viel Zeit dazu, was uns auch bewilligt wurde. Nur ganz leise war der Kanonendonner von der Front zu hören. Die Offiziere ließen uns soweit in Ruhe, hockten beisammen und brüteten neue Gemeinheiten aus. Ich war nur neugierig, was sie diesmal Neues ausheckten.

29. Juni. Es wurde eine Feldmesse abgehalten, an der wir alle teilnahmen und um Frieden beteten. Es war wieder sehr heiß und drückend schwül, fast nicht auszuhalten. Wenn ich konnte, hielt ich mich im Schatten der Scheune auf und tat nichts. Am Nachmittag war noch einmal Dekorierung. Diesmal bekam ich im Namen des Kaisers die silberne Tapferkeitsmedaille zweiter Klasse verliehen. Ich freute mich aber nicht sehr darüber. Dazu hatte ich viel zu viel Schreckliches erlebt.

30. Juni. Am Morgen hieß es wieder auf und Ausrücken samt Material. Vorbei war es mit dem Rasten und Bummeln. Die Hitze machte uns zu schaffen bei dem langen Marsch. Es ging immer parallel zur Front hin in einen anderen Kampfabschnitt. Am Abend machten wir Freilager.

1. Juli. Den ganzen Tag war dienstfrei. Ich schlief mich richtig aus in der heißen Sonne und schrieb in mein Tagebuch. Es war sehr friedlich heute. Man hätte nicht glauben mögen, dass rings um uns herum die Erde brennt.

2. Juli. Wir rückten wieder ab und marschierten den ganzen Tag durch unwegsames Gelände über Stock und Stein und durch tiefe Wälder. Am Abend machten wir wieder Freilager.

3. Juli. Am Vormittag hatten wir verschiedene Schulungen, um unser Gedächtnis aufzufrischen, wie ein Offizier meinte. Am Nachmittag hatte ich Inspektion und bei der Nacht Wachdienst. An der Front war es wieder sehr lebhaft, es schien wieder ein größeres Scharmützel zu geben. Uns ging es im Moment ganz gut, auch die Menage war nicht schlecht. Nur der Herrgott weiß, was das alles noch werden wird und wie viel Schrecken noch auf uns warten.

4. Juli. Am Vormittag hatte ich immer noch Dienst, ich glaubte schon, man hätte mich vergessen. Gegen Mittag wurde ich dann doch abgelöst und nach der Menage hatte ich den restlichen Tag frei. Am Nachmittag schrieb ich einen langen Brief an mein fernes Liebchen. Dann war mir wieder etwas wohler.

5. Juli. Das Regiment oder vielmehr das, was davon übriggeblieben war, ging in der nahen Adria bei Triest baden. Ich blieb stattdessen im Lager, habe meine schäbigen Kleider gewaschen und einen weiteren Brief geschrieben an meine Lieben. Wer weiß, wann ich wieder dazu komme.

6. Juli. In der Frühe rückten wir wieder aus und marschierten bis Dauschätzen. Den ganzen Tag waren wir unterwegs und am Abend schlugen wir wieder unsere Zelte auf. Etwas Genaueres erfuhren wir aber nicht, was mich wieder besorgt machte. Ging es wieder an die Front?
7. Juli. Wir blieben an unserem Ort, dafür mussten wir schrecklich exerzieren den ganzen Tag bei größter Hitze. Es war schlimm und unsere Offiziere und Chargen waren ganz wild. Wenn es schon keinen Feind zum Umbringen gab, so sollten wir wohl auf diese Weise auf dem Felde der Ehre umkommen. Ich glaubte, den Abend nicht mehr zu erleben. Viele Kameraden blieben wieder erschöpft liegen, aber es gab kein Erbarmen. Wir wurden weiter furchtbar dressiert und schikaniert. Es war nicht zum Beschreiben. Am Abend kroch ich ganz kaputt in mein Zelt und schlief gleich ein.

8. Juli. Wir gingen in den Ort Trebice in der Nähe, dort war Inspektion. Wir mussten wieder antreten zu einer Dekorierung. Der Herr Oberst Wosteck wurde auf das höchste belohnt, er platzte fast vor Stolz. Ich weiß nicht wieso, denn so dicht an der Front, wie ich immer war, hatte ich ihn nie gesehen. Es wird wohl ein ewiges Geheimnis bleiben, für was er wirklich die Auszeichnungen bekommen hat.

9. Juli. Am Vormittag hatten wir Ruhe und ich wieder Zeit zum Schreiben und Spekulieren. Am Nachmittag war Inspizierung unseres Regiments von seiner Exzellenz Generaloberst Rigallitschoberitsch mit voller Ausrüstung in Grobatscha. Er lobte uns für unsere Tapferkeit und tadel-

te uns für unser schäbiges Aussehen. Dann ging er wieder und wir hatten wieder Ruhe.

10. Juli. Zum dritten Mal war Inspizierung, diesmal vom Maschinengewehrreferenten Herr Hauptmann Kunigerschitz. Er schaute nach, ob alle Maschinengewehre einwandfrei funktionierten, machte ein paar Probeschüsse und ging dann wieder. Am Nachmittag hatten wir den Befehl, zur Übung Stellungen zu bauen. Die Offiziere waren wahrscheinlich verrückt geworden. Als ob wir in der letzten Zeit nicht genug in den Stellungen gewesen waren. Wir gruben bis zum Abend, dann schütteten wir wieder alles zu. Ich hatte danach einen gescheiten Muskelkater.

11. Juli. Heute war zum vierten Mal Inspizierung, diesmal vom Maschinengewehroberst Greiner. Er sah sich ebenfalls die Maschinengewehre an und regte sich dann auf, dass sie nicht sauber geputzt waren und ein paar Kratzer hatten. Er befahl, dass alle Maschinengewehre in einem ordnungsgemäßen Zustand sein mussten und dass diese Schlamperei Konsequenzen nachziehen würden. Der Mann hatte vielleicht Sorgen! Da war man wochenlang an der Front und der regte sich wegen nichts auf. So was passiert auch nur beim Militär. Am Nachmittag hatte ich Inspektion. Mich verdross an diesem Tag vollends alles.

12. Juli. Und nochmals Inspektion von Herrn Leutnant Eugen Czeperlinscersky. Es war aber nicht schlimm. Ich war sowieso nicht dabei, hatte Dienst. Aber ich war ganz schlecht gelaunt. Alles konnte meinetwegen der Kuckuck holen. Ich wollte einfach nicht mehr, hatte alles so sehr satt. Auch hatte ich große Sehnsucht nach der lieben Heimat, wollte am liebsten auf und davon.

13. Juli. Heute war wieder ein sehr schöner Tag für uns armen müden Krieger. Am frühen Morgen hieß es ausrücken mit dem ganzen Material. Stramm marschierten wir etliche Kilometer ins Gelände. Es war sehr heiß und der Schweiß rann in Strömen an mir herab. Am Nachmittag hieß es arbeiten, auch wurden wir wieder schrecklich dressiert wie schon lange nicht mehr. Man konnte glauben, wir hätten Grundausbildung. Es war schon schlimm. Am Abend kamen wir ganz kaputt wieder zurück.

14. Juli. Es war heute dasselbe wie gestern. Wir mussten wieder hinaus in unwegsames Gelände, wurden schrecklich schikaniert und beschimpft und kehrten dann wieder um. Am Nachmittag war allgemeine Reinigung von Montur und Ausrüstung.

15. Juli. Zunächst war heute Schulung über Kriegsartikel, danach eine Feldmesse, woran ich selbstverständlich auch teilnahm. Am Nachmittag hatte ich dienstfrei und ging ein wenig spazieren in Grobata. Von der Front her kam heftiges Artilleriefeuer herüber, trotzdem war es bei uns sehr lustig. In der Scheune wurde getanzt und gesungen, dass es höher wohl nicht mehr hergehen konnte. Es waren auch einige hübsche Mädchen hier, die die ausgelassene Stimmung noch förderten. Ich machte auch ein wenig mit, um auf andere Gedanken zu kommen, war aber einer von den ersten, der schlafen ging.

16. Juli. Heute war es viel ruhiger an der Front. Das Gerücht ging um, dass es eine wichtige Entscheidung gegeben hätte, doch für wen, wusste niemand zu sagen. Die meisten Offiziere meinten, sie müssten uns alle schon wieder auf eine Übung schicken, damit wir nichts verlernten. Aber glücklicherweise wurde nichts daraus. Stattdessen war Putzen und Reinigen angesagt. Am Nachmittag war ich auf Posten und musste nach feindlichen Fliegern Ausschau halten. Da hatte ich es sehr ruhig.

17. Juli. Für uns Soldaten war es heute ein schöner und vergnüglicher Tag, wie er nur selten passiert. Weil es so schrecklich heiß war, gingen wir im Meer baden in der Nähe von Triest. Schwimmen, Tauchen, Sonnenbaden, Faulenzen, es war sehr schön und angenehm. Dazu war eine herrliche Gegend. Es war eine schöne Landschaft zum Urlaubmachen, wenn nicht die furchtbaren Schrecken des Krieges ganz in der Nähe wären. Dieser Tag hätte ewig dauern können.

18. Juli. Heute hatten wir eine große Übung über Verschiedenes. Es wurden mal wieder Schwarmlinien geübt, Schießen, Verhalten im Gelände und Umgang mit den verschiedenen Waffen. Zum Schluss war noch Defilierung und Grüßen vor den Vorgesetzten. Es war zwar nicht so

schlimm, dafür wurden wir aber immer wieder beschimpft und beleidigt.

19. Juli. Am Vormittag hatte ich Übung, am Nachmittag musste unser Haufen zu einem Instruktionskurs nach Lipica. Um sechs Uhr am Nachmittag war Abmarsch. Vollbepackt wie Mulis marschierten wir über Stock und Stein und gegen 9 Uhr kamen wir dort an, total durchnässt vor lauter Schweiß. Wir hörten uns eine halbe Stunde etwas an, dann hieß es Material hierlassen und wieder zurückmarschieren. Den ganzen Rückweg mussten wir eine schreckliche Segadur über uns ergehen lassen. Wir wurden immer vorwärtsgetrieben, obwohl wir in der Dunkelheit nichts sahen. Wir rannten durch dichte Wälder und unwegsames Gelände, und so mancher Soldat stolperte und stürzte. Man konnte meinen, es ginge um Kopf und Kragen. Dazu kam noch, dass wir uns in dem unbekannten Gelände verliefen und das die Offiziere noch viel böser machte. Um elf Uhr nachts kamen wir endlich über Stock und Stein wieder zurück und waren ganz kaputt.

20. Juli. In aller Frühe mussten wir los nach Barabotschasbauz zu einer Geländeübung. Es war ein langer harter Marsch, was bei dem schwülen Wetter wieder sehr anstrengend war. Wir übten wieder Schwarmlinien vorgehen, Tarnen und das Gelände beobachten, auch das lautlose Anschleichen an den Feind mit und ohne Deckung. Am Nachmittag hatten wir verschiedene Schulungen und Exerzieren, wobei wir wieder sehr ins Schwitzen gerieten und als lahmer alter Haufen bezeichnet wurden, der zu nichts mehr nütze ist als hinter den Ofen zu sitzen. Wir marschierten wieder zurück in unser Lager und kamen noch in ein schweres Gewitter hinein. Aber das schreckliche Artilleriefeuer an der Front übertönte es noch bei weitem. Es war ein anstrengender Tag.

21. Juli. Am Vormittag rückten wir wieder aus, aber nur in die weitere Umgebung. Wir machten wieder Schwarmlinien und übten auch sonst noch einmal alles durch, was wir gestern gemacht hatten. Am Nachmittag hatte ich Inspektion und musste die ganze Zeit herumlaufen wie ein Verrückter von einer Ecke zur anderen wegen nichts und wieder nichts. Auch die ganze Nacht hatte ich keine Ruhe. Kaum hatte ich mich mal

ein wenig zur Ruhe gelegt, wurde ich auch schon wieder gerufen und herumgescheucht. Es war schon schlimm.
22. Juli. Bis Mittag hatte ich diesen dummen Dienst, dann hatte ich endlich Ruhe. Ich war auch hundemüde. Ich aß etwas und machte dann ein ungestörtes Schläfchen. Weil ich den restlichen Tag dienstfrei hatte, legte ich mich in den Schatten eines großen Baumes und schrieb wieder in die liebe Heimat, auch weil mir sehr zeitlang war. Das half mir wieder aufwärts, dass ich nicht so bange war, was noch auf mich zu kommen mag.

23. Juli. Am Morgen waren die Offiziere ganz aufgeregt und segierten uns, bis wir alle in voller Montur und Rüstung angetreten waren. Es hieß, dass wir wieder ausrücken sollten an die Front, um den Kameraden dort zu helfen. Einige tapfere Männer mussten sogleich als Orientierer an die Front vorgehen. Ich dachte auch, dass es hoffentlich bald wieder in die Stellung geht, denn wenn die Offiziere keine Arbeit haben, werden sie noch ganz verrückt und wir müssen es büßen. Ich war auch drüben in der Kanzlei, weil mir ein Kamerad eine Bestätigung schickte wegen meiner Enthebung, bekam dort aber nur einen schlechten Trost. Man wusste von nichts, schnauzte mich an und schickte mich wieder zurück. Von der Front drang heftiges Feuer an mein Ohr.

24. Juli. Der heutige Tag war eine Überraschung für mich. Wir rechneten alle damit, dass es bald wieder an die Front in irgendeine Stellung ging, aber stattdessen ging unser Regiment in die Adria bei Triest baden. Es war wieder sehr heiß, da war das die richtige Erfrischung und Abwechslung für mich. Wir tollten herum wie kleine Kinder und dösten faul in der Sonne. In der Nacht kamen wir in unser Lager zurück, hundemüde und ganz kaputt.

25. Juli. Am Vormittag war eine Feldmesse, hernach mussten wir neue Gewehre einschießen. Das war den ganzen Tag ein großes Spektakel, bis zum Abend. Am Abend wurde ich in die Kanzlei befohlen und, welche Freude, ich bekam guten Trost. Man sagte mir, dass meine Enthebung (Entlassung) angenommen wurde und bereits im Kompaniebefehl stand. Ich war überglücklich, als ich das hörte. Am liebsten wäre ich dem Mann

vor Freude um den Hals gefallen. Es sollte also tatsächlich noch wahr werden. Ich sollte bald alle meine Lieben daheim wiedersehen!

26. Juli. Die Freude ging mir schnell verloren, denn wir wurden den ganzen langen heißen Tag herumdressiert. Wir mussten wieder alles machen, was ein Soldat können muss, wurden angebrüllt und furchtbar schikaniert. Es war sehr schlimm, nicht zu beschreiben. Der Teufel soll das ganze Militär holen und die Offiziere und Chargen ganz besonders. Die Aussicht auf die baldige Enthebung half mir aber über meinen großen Ärger hinweg.

27. Juli. Heute war nicht viel los bei uns. Wir hatten den Befehl, uns den ganzen Tag nicht sehen zu lassen vor den feindlichen Fliegern. So schlief ich viel und war in Gedanken in der lieben fernen Heimat, die mich bald wiederhaben sollte.

28. Juli. Um acht Uhr in der Frühe wurde ich bestellt in die Kanzlei. Dort erhielt ich endlich mein heiß ersehntes Dokument, auf das ich so lange sehnsüchtig gewartet hatte. Ich hätte weinen können vor Glück. Mir war jetzt alles egal. Übermütig warf ich meine Ausrüstung im hohen Bogen weg und auch das Schimpfen von einem Offizier war mir ganz egal. Ich packte meine Siebensachen zusammen und marschierte mit weiteren sieben Mann vom Regiment nach Zrekio ins Regiment und in die Regimentskanzlei, wo ich wiederum einen wichtigen Wisch erhielt. Dann hielt uns nichts mehr.
So schnell wie noch nie während meiner langen Militärzeit marschierten wir zum Bahnhof nach Obschina. Es war aber sehr gefährlich, denn immer wieder tauchten feindliche Flieger auf und warfen ihre tödlichen Grüße auf uns herab. Um 11 Uhr ging der Zug weg, um 4 Uhr am Nachmittag waren wir in Laibach. Dort stiegen wir aus und gingen auf eine Sammelstelle. Ein schreckliches Herumsegieren erwartete uns, das konnte mich aber nicht mehr aus der Ruhe bringen. Wir badeten, rasierten uns, wurden desinfiziert und verschiedenes mehr, was ich alles gerne machte, denn ich wollte als fescher Soldat meinen Lieben unter die Augen treten. Von Menage war allerdings keine Rede. Endlich gab es für jeden ein bisschen Tee und ein bisschen Wurst. Danach wurde im

Vorhaus des Bahnhofs Lager gemacht mehr schlecht als recht. Ich war aber trotzdem froh.

29. Juli. Gleich am Morgen war wieder ein großer Rummel. Jeder anwesende Soldat wollte zuerst bedient werden. Zum Glück kamen aber wir zuerst an die Reihe. Die Formalitäten waren bald erledigt. Statt einer kräftigen Menage bekam man Geld für zwei Tage, lächerliche sechs Kronen. Da frisst man sich arm. Wir wurden 16 Mann zum Transport nach Prag bestimmt zum Bergmannskader. Um 2 Uhr Mittag ging dann endlich der Zug ab. Die Fahrt war hundsmiserabel, wir wurden auf den harten Pritschen pausenlos durchgeschüttelt. Am Abend kamen wir endlich im Prager Hof an. Das Essen hatte sich aufgehört, nirgendwo gab es etwas zu kaufen. Um 12 Uhr in der Nacht kamen wir in Marburg an.

30. Juli. Drei Stunden lang stand unser Zug im Bahnhof und rührte sich nicht. Ich machte es mir auf meinem Platz so gemütlich wie möglich und wartete ungeduldig darauf, dass es endlich weiterging. Zum Schlafen war ich zu aufgeregt, meine Gedanken waren schon weit voraus daheim. Um 3 Uhr in der Frühe rührte sich der Zug immer noch nicht und sehr zu unserem Ärger ging es erst um 7 Uhr in der Frühe weiter. Um zwölf Uhr mittags waren wir dann endlich in Graz. Um 4 Uhr am Nachmittag in Bruck an der Murr. Die Fahrt ging nach wie vor ganz elendig, viel zu langsam, und durchgeschüttelt wurden wir wie Kartoffelsäcke. Um 7 Uhr abends waren wir in Münz, dort hielt ich es vor lauter Hunger nicht mehr aus. Zwei armselige Pferdewürste kosteten fünf Kronen, was sehr teuer war, aber das war mir egal. Ich wollte ja nicht verhungern. Wir waren alle schon ganz blöd von der langen und langweiligen Fahrt.

31. Juli. Um acht Uhr in der Frühe war ich endlich in Wien angekommen. Nun hieß es schon wieder warten, diesmal bis um 12 Uhr. Es ist komisch, immer wenn man es ganz besonders eilig hat, man nicht erwarten kann, endlich am Ziel anzukommen, dauert es ganz besonders lange. Zum Essen gab es natürlich auch nichts. Zum Zeitvertreib schrieb ich in die Heimat, obwohl es ja eigentlich überflüssig war. Um 6 Uhr am Abend war ich in Gmünd. Dort musste ich umsteigen und um 2 Uhr nachts kam ich endlich nach Mirowic/Prag. Dort hieß es wieder umsteigen, und

weil es im Augenblick nicht wieterging, musste ich es mir im Bahnhof gemütlich machen. Es war eine verwahrloste, elende Bruchbude, in der es schrecklich viele Flöhe und Läuse gab. Aber auch sonst war an Schlafen nicht zu denken. Es herrschte hier ein furchtbarer Rummel, denn Tausende von Militär schlenderten herum, warteten wie ich darauf, dass es endlich weiterging. Aber im Gegensatz zu mir mussten sie meist an die Front.

1. August. In aller Herrgottsfrüh ging ein großer Wirbel los. Um 8 Uhr dann begann man, die vielen Soldaten zu sortieren, um sie ihrer richtigen Bestimmung zuzuführen. Es wurde abgerüstet, Verordnungen und Befehle und Fahrpläne verlesen, hernach war Präsentierung. Danach wurde noch alles aufgenommen und eingeschrieben. Mir war bald klar, dass es für mich in diesem großen Durcheinander kein Weiterkommen gab. Endlich gab es auch wieder ein wenig Menage, aber denkbar miserabel. Nachmittags machte ich ein kleines Schläfchen, abends schaute ich mir die Stadt Prag an. Die Nacht war hundsmiserabel. Ich lag im Hof des Bahnhofs, konnte aber nicht schlafen vor lauter lästiger Insekten.

2. August. Es ging immer noch nicht weiter, allmählich wurde ich richtig ungeduldig. In der Frühe marschierte ich mit ein paar Kameraden weit hinaus in ein anderes Dorf, um Brennnesseln zu sammeln. Weiß der Kuckuck, warum wir diesen Befehl bekommen haben. Auch musste ich mich schrecklich ärgern mit ein paar damischen Tschechen. Zum Militär rückten sie ein, dann war nicht mehr viel los mit ihnen. Am Abend kamen wir wieder zum Bahnhof zurück und in der Nacht schloss ich wieder kein Auge. So viel Flöhe auf einen Haufen sah ich mein ganzes Leben noch nie.

3. August. In der Früh war ich ganz marod. Mich juckte es am ganzen Körper. Wir mussten alte Gewehre von einer Kaserne in der Nähe holen, die wurden dann am Bahnhof in einen leeren Waggon verladen. Der Nachmittag verging mit lauter Verlesen und Antreten, man konnte verrückt werden dabei. Abends hieß es dann endlich, ich kann wegfahren. Wie froh war ich da, nicht zum Beschreiben. Schnell hatte ich alles beisammen, fuhr mit der Elektrischen zum Franz-Josefs-Bahnhof. Um 9

Uhr am Abend ging der Zug endlich weg. Um 3 Uhr am Morgen war ich schließlich in Budweis.

4. August. Ich fühlte mich ganz kaputt, blöd und war hungrig wie ein Wolf. Aber zum Beißen gab es nichts. Um 7 Uhr früh ging der Zug weg nach Stein, wo ich gegen 9 Uhr am Vormittag ankam. Je näher ich der Heimat kam, desto glücklicher war ich. Von Stein ging es mit Freuden der teuren Heimat zu. Damit war endlich ein großer und schrecklicher Rummel für mich zu Ende, den ich nie mehr erleben möchte.

Ich bekam vom Werk noch eine Woche Erholungsurlaub. Am 13. August ging ich dann zum ersten Mal zum Stubener Berg, einem Grafitbergwerk, auf die Schicht. Da ging es soweit ganz gut, aber auch da war so mancher großer Wirbel durchzumachen. Aber kein Vergleich zu dem, was ich an Schrecken fern der Heimat erleben musste.

Das Beste wäre, wenn der Herrgott uns endlich den Frieden schicken würde!

s